甘肃庄浪宋代陶模陶范研究

李晓斌 主编

天津出版传媒集团

天津古籍出版社

图书在版编目（CIP）数据

甘肃庄浪宋代陶模陶范研究 / 李晓斌主编. — 天津：天津古籍出版社，2022.10
ISBN 978-7-5528-1269-5

Ⅰ.①甘… Ⅱ.①李… Ⅲ.①陶器（考古）—模具—研究—庄浪县—宋代 Ⅳ.①K876.34

中国版本图书馆CIP数据核字（2022）第184866号

甘肃庄浪宋代陶模陶范研究
GANSU ZHUANGLANG SONGDAI TAOMO TAOFAN YANJIU

李晓斌　主编

出　　版	天津古籍出版社
出 版 人	张　玮
地　　址	天津市和平区西康路35号康岳大厦
邮政编码	300051
邮购电话	（022）23517902
责任编辑	门　辉
封面设计	王继学
印　　刷	甘肃澳翔印业有限公司
经　　销	新华书店
开　　本	710毫米×1000毫米　1/16
印　　张	12.25
字　　数	170千字
版次印次	2022年10月第1版　2022年10月第1次印刷
定　　价	98.00元

版权所有　侵权必究
图书如出现印装质量问题，请致电联系调换（022—23517902）

前言

　　1990年5月，甘肃省庄浪县水洛镇西关村寺坪塬遗址发现宋代陶模、陶范共计120余件，其中完整陶模79件、陶范41件。分人物、动物、花卉、建筑、窑具等几大类。人物有立像、坐像、卧像、头像、成人俑、孩儿俑等。动物有龙、虎、狮子、大象、马、猴、青蛙、鸽子等。模具有花卉纹、动物纹、几何纹等纹饰图案。

　　宋代陶模、陶范是古代泥质雕塑文物的重要组成部分，对研究宋代历史文化具有非常重要的意义。自中华人民共和国成立以来，江苏镇江、常州，宁夏海原，甘肃庄浪，陕西西安，河南漯河、洛阳、开封，山东青州、聊城等地相继出土和发现宋金时期陶模、陶范1000多件，出土数量大、种类多，为研究陶模、陶范提供了翔实资料。《甘肃庄浪宋代陶模陶范研究》一书在实地调查与查阅资料的基础上对庄浪宋代陶模、陶范的时代、制作工艺、题材用途、地域对比等相关问题做了分析研究，意在认识宋代民俗文化在陶模、陶范中的体现。陶模、陶范作为宋代人物质和精神活动的产物，集中反映了宋代的社会意识、民俗风貌和审美取向。对其进行系统研究，有益于全面揭示其所反映的文化艺术价值和文化内涵。

　　《甘肃庄浪宋代陶模陶范研究》全书分上、下编，上编主要以图录的形式介绍80余件甘肃省庄浪县出土的宋代陶模、陶范文物；下编收录彭辉、李进兴、刘调兰、李晓斌4位专家学者关于陶模、陶范研究文章各一篇。

目录

上编　资料篇

人物类 3

动物类 53

植物类 67

其他类 76

下编　研究篇

庄浪县博物馆藏宋代陶模、陶范研究 / 李晓斌 83

江苏常州出土泥塑像的初步认识 / 彭　辉 98

唐僧取经图与悟空摩睺罗考析 / 李进兴 107

磨喝乐研究 / 刘调兰 123

甘肃庄浪宋代陶模陶范研究

上编 资料篇

人物类

五神伏龙陶模

宋代。1990年庄浪县水洛镇西关村寺坪塬遗址出土。高11.7厘米,宽7.9厘米,重161克。泥质红陶,椭圆形。背面较平整,正面花纹凸起,图案刻画四女一男共五神制服龙的情景。龙头部一女神左手紧抓龙角,右手持剑猛砍龙须。龙颈部一女拿绳索做捆绑状,另一女神在龙尾部做拔剑状。一男神在龙尾根部双手做搂抱状。龙尾部一女神拿剑做砍杀状。五神神态各异,形象生动逼真。龙怒目圆睁,龇牙咧嘴,身躯修长,盘曲翻转,因遭五神伏杀而显得惊恐万分。

释迦牟尼涅槃陶模

宋代。1990年庄浪县水洛镇西关村寺坪塬遗址出土。长6厘米,宽4.5厘米,重45克。泥质红陶,呈椭圆形。背面较平整,正面图案凸起。画面为佛祖释迦牟尼涅槃以后,右胁而卧,头枕右手,神态安详,九个弟子围绕佛陀,或掩面,或托钵,或抚佛面,或摸佛足,俱悲伤痛哭。

推车奉亲陶模

宋代。1990年庄浪县水洛镇西关村寺坪塬遗址出土。长3.9厘米,高3.1厘米,厚1.0厘米,重11克。泥质红陶,呈椭圆形,背面较平整,正面浮雕推车奉亲故事图案。图中一男子戴圆头巾,面部不清,双手推独轮车前行,老母坐于车头,头部前倾,梳发髻,露手足。车上堆放篮筐等物,车上部撑有遮阳伞。推车奉亲陶模,主要体现了儒家文化中的孝。孝在传统文化中占有重要地位,尤其在文化高度繁荣的宋代更是如此。推车奉亲陶模通过逼真形象的图案艺术形式,充分呈现出了孝的文化内涵。

赵公明陶模

宋代。1990年庄浪县水洛镇西关村寺坪塬遗址出土。高7.5厘米,宽6厘米,厚1.5厘米,重75克。泥质红陶,平面呈椭圆形,背面较平整,正面图案凸起,浮雕赵公明及黑虎。赵公明头戴武士冠,颈系颈护,身披铠甲,腰系带,左手握拳于胸前,腹圆而鼓,分腿立于云端,右手持大斧,肩披飘帛,身后黑虎,曲颈扬首,怒目大嘴。

赵公明本名朗,字公明,又称赵玄坛、赵公元帅。"玄坛"是指道教的斋坛,也有护法之意。赵公明为道教四大元帅之一,同时为阴间雷部将帅和五方瘟神之一。在中国民间传说中,赵公明又是主管财源的神明。其坐骑为一只凶恶的黑虎。该陶模赵公明造型刚健有力,雕刻细致入微,人、虎皆踩云气纹,做腾云驾雾状。

神仙出行陶模

宋代。1990年庄浪县水洛镇西关村寺坪塬遗址出土。高6厘米，宽5.2厘米，重37克。泥质红陶，椭圆形。背面较平整，正面图案凸起，图案为神仙出行图，似为"天官赐福图"，共有四人。左边一人头戴直脚幞头，身穿圆领绣团花大袖长袍，右手扶革带，相貌端庄。前排左数第二人头戴直脚幞头，身穿圆领窄袖袍，双手置胸前执一长棒状物，怒目圆睁。右边一人，仅存头部及上半身，下身残缺。左上方一人，仅露头部及双手，双手交叉。最下方刻画云纹，四人站立在祥云之上。据画面内容推测为神仙出行情景。

说唱人陶模

宋代。1990年庄浪县水洛镇西关村寺坪塬遗址出土。高5.8厘米,宽5厘米,厚1.6厘米,重45克。泥质红陶。椭圆形,背面较平整,正面图案凸起。说唱艺人头戴跷脚幞头,头梳双髻,双手执竹板,身穿钱纹短裤,腰系袋,手舞足蹈,做说唱状。

骑马人物陶模

宋代。1990年庄浪县水洛镇西关村寺坪塬遗址出土。直径4.3厘米,重量32克。泥质红陶。体呈圆形,背部有一鼻形捉手,正面饰骑马人物,头戴大皮帽,左手拉缰绳,右手指向前方,骑于马上,马做奔跑状。

女娲陶模

宋代。1990年庄浪县水洛镇西关村寺坪塬遗址出土。高4.8厘米，宽1.6厘米。泥质红陶。女娲呈站立状，头披发，面相丰圆，弯眉细目，棱鼻小唇，神态慈祥。上身赤裸，右臂下垂手提花篮，左臂曲抱手托小人，丰乳圆肚，腰系荷叶短裙，双腿并立。

持剑将军陶模

宋代。1990年庄浪县水洛镇西关村寺坪塬遗址出土。高7厘米,宽4厘米,重33克。泥质红陶。将军头戴缨盔,方面,横眉竖目,阔嘴高鼻,身着铠甲,肩饰披帛,腰际结带。右手持剑,左手握拳扶腿,右腿着地,左腿盘曲,倚坐于坛座上。

甘肃庄浪 宋代陶模陶范研究

罗汉像陶模

宋代。1990年庄浪县水洛镇西关村寺坪塬遗址出土。高6.5厘米，宽3.9厘米，重32克。泥质红陶。罗汉光头，长眉，面部清瘦，头后有圆形背光。左手抚膝，右手上举执经卷，身着交领袈裟，结跏趺坐于双层仰莲台座上。

观音菩萨座像陶模

宋代。1990年庄浪县水洛镇西关村寺坪塬遗址出土。高14厘米，宽6厘米。泥质红陶。观音菩萨发髻高耸，面相端庄，额有白毫，发辫垂肩，颈戴项圈，上身袒露，左手触地，右手搭于支起的右膝上，左膝盘曲坐于束腰座上。此造像表现观音菩萨坐于普陀山道场休憩的情景。束腰座上有工匠捏塑时留下的指纹和指甲纹。

力士陶模

宋代。1990年庄浪县水洛镇西关村寺坪塬遗址出土。高9.3厘米,宽4.3厘米,重量57克。泥质红陶。力士立姿,正面雕刻,背面平素,束发,凸额,鼓目,阔鼻,大张嘴,做呐喊状,面部狰狞,袒胸露乳,鼓腹下垂,肩披帛,左臂下垂,右臂曲提,下着短裙,赤足站立于半圆台上。

力士陶模

宋代。1990年庄浪县水洛镇西关村寺坪塬遗址出土。高7.8厘米,宽2.8厘米,重量36克。泥质红陶。力士立姿,正面雕刻,背面平素,头戴巾帻,面相狰狞,竖眉,凸目,高鼻,阔嘴紧闭,左臂贴身持金刚杵,右臂向左贴胸前,手扶金刚杵,圆腹赤裸,下着短裤,腰系带,赤足站于半圆台上。

二郎神陶模

宋代。1990年庄浪县水洛镇西关村寺坪塬遗址出土。高12.4厘米。泥质黄陶。二郎神呈站立状,头戴高冠,方面丰满,棱眉高鼻,秀目丰唇。俯首,神态安详。身着圆领长袍,腰系宽带,双手环抱于左腹部,呈施礼状,双腿分立,脚部出露头履。

持物仕女陶模

宋代。1990年庄浪县水洛镇西关村寺坪塬遗址出土。高9.9厘米,宽4.2厘米,重31克。泥质橘黄陶。侍女发髻高绾,面部丰满,五官清秀,神态安详。双手托一长条形物,右手在下托器物下端,左手在上持器物上端。身着圆领长裙,双腿直立,站立在上小下大双层四足方座上,出露头履。

披发人陶模

宋代。1990年庄浪县水洛镇西关村寺坪塬遗址出土。高7.8厘米，宽3.5厘米，重54克。泥质红陶。背面略平整，正面浮雕一披发人，头戴冠，长发披肩，面相呈发怒状，环目，圆鼻，宽鼻梁，厚嘴唇。身披帛巾，挽结于胸前，裸腹，双臂下垂，双手置膝部，半跏倚坐于圆坛之上，下为半圆座，座前似有一卧兽。

仕女陶模

宋代。1990年庄浪县水洛镇西关村寺坪塬遗址出土。高9厘米，宽2.8厘米，重23克。泥质红陶。陶模为一立像仕女，背面较平整，头梳挽发云髻，面相丰圆，细目，修鼻，小嘴，面露微笑。双臂残缺。内着长裙，外穿圆领开襟短衣，两足半露裙摆之外。

苏武牧羊陶模

宋代。1990年庄浪县水洛镇西关村寺坪塬遗址出土。高8.1厘米,宽5厘米,厚2.2厘米。泥质红陶。造型为苏武躬身站立,头戴通天冠,高鼻梁,竖目微眯,神态庄重严肃,颈戴环形饰物,身着宽袖长袍,双手持笏板于胸前。右脚前下卧有一只羊,羊双角低头。

苏武牧羊陶模,体现出了儒家文化中的忠。汉武帝天汉元年(前100),苏武出使匈奴被扣留。匈奴贵族欲逼迫其投降,未果后将他押往北海边牧羊。苏武受尽磨难,留匈奴19年持节不屈,至始元六年(前81)才获释归汉。苏武去世后,汉宣帝因其忠于君主,心系大汉将他排进麒麟阁十一功臣之列。陶模中的苏武戴平顶冠,手持笏板,脚下卧有一只羊,描绘的正是苏武在北海边牧羊的情景。

钟馗陶模

宋代。1990年庄浪县水洛镇西关村寺坪塬遗址出土。高6.5厘米,重24克。泥质灰白陶。头戴短翅冠,方面满须,横眉凹目,颧骨隆起。身体矮胖,着宽袖长袍,袒胸赤肚,腹部鼓圆,双手抱抚腹部。后背有一圆孔,体内有物,摇之作响。钟馗,道教俗神,专司打鬼驱邪。中国民间常挂钟馗神像辟邪除灾,从古至今都流传着"钟馗捉鬼"的典故传说。

禄星陶模

宋代。1990年庄浪县水洛镇西关村寺坪塬遗址出土。高5.2厘米,宽2.4厘米。泥质红陶。呈扁圆状,正面雕刻禄星,头戴平顶冠,五官清晰,长须垂胸,左手拿金元宝端于身前,右手下垂,身着广袖长袍,腰系带饰,做站立状。

坐姿文官陶模

宋代。1990年庄浪县水洛镇西关村寺坪塬遗址出土。高4.9厘米,宽3.7厘米,厚1.4厘米,重19克。泥质红陶。体呈扁平状,正面雕刻一文官,头戴幞头,面部丰满,双手筒袖抱于腹前,身着圆领长袍,倚坐在官帽椅上,左脚抬起,右脚下踩木几。

坐姿文官陶模

宋代。1990年庄浪县水洛镇西关村寺坪塬遗址出土。高5.6厘米,宽2.7厘米,厚1.4厘米,重17克。泥质红陶。陶模呈扁平状,正面雕刻一文官,头戴幞头,面部丰满,双手筒袖抱于腹前,身着圆领长袍,坐姿左脚抬起,右脚下踩木几。

武士头陶模

宋代。1990年庄浪县水洛镇西关村寺坪塬遗址出土。高7.8厘米，宽3.5厘米，重54克。泥质红陶，上施黑彩。武士头戴幞头，眉头紧锁，眉梢弯扬，配以圆凸的怒目，阔鼻露孔，嘴唇宽厚。面部肌肉棱角分明，展现出勇猛刚烈之气。

天王头陶模

宋代。1990年庄浪县水洛镇西关村寺坪塬遗址出土。高4.8厘米，宽5.2厘米，重23克。泥质黄陶。武士头戴兜鍪，面部方圆，眉头紧锁，眉梢弯扬，环目怒视，宽鼻露孔，大嘴紧抿。肌肉棱角分明，显露出勇猛刚烈之气。

女头像陶模

宋代。1990年庄浪县水洛镇西关村寺坪塬遗址出土。高6.5厘米,宽3.5厘米,重33克。 泥质红陶,圆雕。头梳高髻,额头上部头发中梳系结绶,头顶上有较大的发冠。面相丰满,细眉凤目,长鼻小嘴,面露微笑。

女头像陶模

宋代。1990年庄浪县水洛镇西关村寺坪塬遗址出土。高9.2厘米，宽2.2厘米，重32克。泥质红陶，圆雕。女头像陶模头梳桃形云髻，髻上饰三朵莲花，浓发向髻梳拢，在额头上部系结缓并打成蝴蝶结。面相丰圆、细目、长鼻、小嘴，下颚较小，露出双下巴。颈部呈柱状，饰五道平行弧弦纹。

女头像陶模

宋代。1990年庄浪县水洛镇西关村寺坪塬遗址出土。高3.5厘米,宽1.7厘米,重9克。泥质红陶,圆雕。头梳高髻,头顶上有较大的发冠。面相丰满,细眉凤目,长鼻小嘴,面露微笑。颈部以下残缺。

女头像陶模

宋代。1990年在庄浪县水洛镇西关村寺坪塬遗址出土。长4.8厘米，宽2.4厘米，29克。泥质红陶。老妪形象，浓发向头顶梳挽成髻，长方脸，额纹较深，粗眉骨，细目，蒜头鼻，阔嘴，大耳。该陶模从颈部断裂。

男头像陶模

宋代。1990年在庄浪县水洛镇西关村寺坪塬遗址出土。长2.5厘米,宽1.4厘米,5克。泥质红陶。头戴平顶冠,面相狰狞,大耳凸眉、球目、狮鼻、阔嘴。面部及下巴肌肉棱角分明。

男头像陶模

宋代。1990年庄浪县水洛镇西关村寺坪塬遗址出土。高2.6厘米,宽1.4厘米,重3克。 泥质红陶。正面雕刻,脑后平素。头戴高冠,面相丰圆,眉目清秀,竖目,圆鼻,小嘴,颈部以下残缺。

男头像陶模

宋代。1990年庄浪县水洛镇西关村寺坪塬遗址出土。高1.7厘米,宽1.6厘米,重4克。 泥质红陶。正面雕刻,脑后平素。头戴圆头巾,头顶左侧上有凸髻。面相丰圆,眉目清秀,长鼻小嘴,颈部以下残缺。

磨喝乐头像陶模

宋代。1990年在庄浪县水洛镇西关村寺坪塬遗址出土。长3.5厘米,宽2.3厘米,12克。泥质红陶。磨喝乐光头,面部圆润,高额头,细目,高鼻,小口。颈部以下残缺。

"崇宁通宝"钱纹印记高僧像陶范

宋代。1990年庄浪县水洛镇西关村寺坪塬遗址出土。高7.4厘米，宽4.3厘米，重52克。泥质红陶，椭圆形。范背面弧鼓，压印有"崇宁通宝"铜钱印纹。正面内凹，范内一高僧结跏趺坐莲花台之上，带圆形项光，闭目垂首，双手置于腹部，做打禅状。崇宁通宝是北宋徽宗赵佶崇宁年间（1102—1106）所铸年号钱。有崇宁通宝、崇宁重宝、崇宁元宝三种。崇宁通宝当十型，钱文为徽宗亲书瘦金体，所以又称"御书钱"。

佛像陶范

宋代。1990年庄浪县水洛镇西关村寺坪塬遗址出土。高14.2厘米,宽9.5厘米,重267克。泥质红陶。背部凸起。上圆下尖,颈部略束。正面内凹,范内模印佛背面螺发、身形及衣纹。

佛弟子像陶范

宋代。1990年在庄浪县水洛镇西关村寺坪塬遗址出土。高6.7厘米,宽5.8厘米,重48克。泥质灰陶。用模翻制而成,范背部凸起,范内模印佛弟子后背头身像及衣纹,佛弟子圆光头,着袈裟。

佛弟子像陶范

宋代。1990年庄浪县水洛镇西关村寺坪塬遗址出土。高10厘米,宽7.3厘米,重127克。泥质红陶。用模翻制而成,范背部凸起,周边有刻画合缝槽,范内模印佛弟子正面像及衣纹。佛弟子圆光头,着袈裟。

佛弟子像陶范

宋代。1990年在庄浪县水洛镇西关村寺坪塬遗址出土。高9.6厘米,宽7.3厘米,重131克。泥质红陶。用模翻制而成,范背部凸起,周边有刻画合缝槽,范内模印佛弟子后背头身像及衣纹。佛弟子圆光头,着袈裟。

菩萨像陶范

宋代。1990年在庄浪县水洛镇西关村寺坪塬遗址出土。高9厘米,宽6.4厘米,重62克。泥质红陶。用模翻制而成,范背部凸起,正面内凹模印菩萨像及衣纹,菩萨高髻,面部圆润清秀,着右衽袈裟。

骑马将军陶范

宋代。1990年庄浪县水洛镇西关村寺坪塬遗址出土。高6.7厘米,宽4.3厘米,重32克。 泥质红陶。用模翻制而成,范背部凸起,范内模印戴盔穿甲骑马的将军。

文官像陶范

宋代。1990年庄浪县水洛镇西关村寺坪塬出土。高8.5厘米,宽4.5厘米。泥质红陶。用模翻制而成,背面凸起,范内模印一文官头戴平顶冠,方面,长须,双手持笏板于胸前,身穿官服站立于双层台上。

苏武牧羊陶范

宋代。1990年庄浪县水洛镇西关村寺坪塬出土。高8厘米,宽5厘米,厚2.2厘米,重53克。泥质红陶。用模翻制而成,背面凸起,中部略弯,范内模印苏武头戴平顶冠,手持笏板,右脚前卧有一只羊。

甘肃庄浪 宋代陶模陶范研究

童子礼佛陶范

宋代。1990年在庄浪县水洛镇西关村寺坪塬遗址出土。高7.3厘米，宽4.5厘米，厚1.6厘米，重55克。泥质红陶。用模翻制而成，范背部凸起。童子头梳"鹁角"发型，面部丰圆，生动可爱。上身穿花边卷纹长褙子，下身及脚赤裸，颈部、手腕、脚腕处皆戴有环状饰物，双手置胸前合十做礼佛状。

人物坐像陶范

宋代。1990年庄浪县水洛镇西关村寺坪塬遗址出土。高6厘米,宽3.6厘米,重24克。泥质红陶。用模翻制而成,范背部凸起,范内模印戴冠人物。人物戴高冠,脸方正,眼睑紧闭,左腿抬起,右腿下垂,呈倚坐状。

无头人物立像陶范

宋代。1990年庄浪县水洛镇西关村寺坪塬遗址出土。高12.4厘米，宽6厘米，重99克。泥质红陶。用模翻制而成，范背部凸起，范内模印无头立像背部人身及衣纹。衣纹正中饰一竖直线纹，衣服下摆饰多道竖直线纹。范边沿部有四处刻画凹槽，系和正面陶范合缝槽。

道教人物陶范

宋代。1990年庄浪县水洛镇西关村寺坪塬遗址出土。高7.6厘米，宽5.7厘米，厚3.8厘米，重98克。泥质红陶。用模翻制而成，背面凸起，范内模印一戴冠穿圆领长袍的道教人物，头戴低冠，圆脸，斜长眼，大嘴，厚嘴唇。身体矮胖，分腿站立。

男人头形陶范

宋代。1990年庄浪县水洛镇西关村寺坪塬遗址出土。高8.7厘米，宽6.4厘米，重77克。泥质红陶。男人头形陶范，用模翻制而成。范背部凸起，范内模印男性老人头，戴冠，八字斜眼，塌鼻，有须。范颈部以下断裂残缺。

人头像陶范

宋代。1990年庄浪县水洛镇西关村寺坪塬遗址出土。长5.8厘米,高6.7厘米,重95克。泥质红陶。形如半球,范背部凸起,范内模印一人头,光头,额部有一道凸线,细眼,阔鼻,张嘴。

人头像陶范

宋代。1990年庄浪县水洛镇西关村寺坪塬遗址出土。高4.7厘米,宽3.8厘米,重24克。 泥质红陶。范背部凸起,形如半球,用模翻制而成,范内模印一人头,光头,额头有三道皱纹纹,眼睛眯成细线状,阔鼻,抿嘴。

人头像陶范

宋代。1990年庄浪县水洛镇西关村寺坪塬遗址出土。长4.5厘米,宽2厘米,重22克。泥质红陶。范背部凸起,用模翻制而成,范内模印人头背部头发纹及发饰花纹。

戴冠人头陶范

宋代。1990年庄浪县水洛镇西关村寺坪塬遗址出土。高8厘米,上宽5厘米,下宽2.5厘米,重68克。泥质红陶。用模翻制而成,范背部凸起,范内模印戴高冠人头,颈部饰四道弦纹。

动物类

双龙陶模

宋代。1990年庄浪县水洛镇西关村寺坪塬遗址出土。直径3.7厘米,重15克。泥质黄陶。呈圆形扁平状,背面平整,正面雕刻双龙,一龙头向左,一龙头向右,双龙首尾相连,做同向盘旋状。

卧虎陶模

宋代。1990年庄浪县水洛镇西关村寺坪塬遗址出土。长2.5厘米，宽2厘米，高1.5厘米，重8克。泥质红陶。卧虎双耳后抿，突额，鼓目，阔鼻，张嘴露齿，尾卷至腹部，做盘卧匍匐状。

卧狮红陶模

宋代。1990年庄浪县水洛镇西关村寺坪塬遗址出土。长5厘米,宽2.4厘米,重12克。泥质红陶。狮子突额、鼓目、高鼻、张嘴、露齿,双耳后抿,鬃毛后披,长卷尾,做卧伏状,左前腿外侧有一绣球。

卧狮红陶模

宋代。1990年庄浪县水洛镇西关村寺坪塬遗址出土。长5厘米，宽2.3厘米，重14克。泥质红陶。狮子突额，鼓目，高鼻，张嘴，露齿，双耳后抿，鬃毛后披，长卷尾，做卧伏状，左前腿外侧有一绣球。

鸽子形陶范

宋代。1990年庄浪县水洛镇西关村寺坪塬遗址出土。长12.5厘米，宽5.5厘米，厚2.6厘米，重92克。泥质黄陶。背面凸起，正面内凹，范内模印一只鸽子一半，头左尾右，尖啄圆眼，丰羽敛翅，尾羽上翘，做栖息状。

虎纹陶范

宋代。1990年庄浪县水洛镇西关村寺坪塬遗址出土。长14.2厘米,宽8.3厘米,厚3.8厘米,重300克。泥质红陶。平面略呈长方形,背部凸鼓,正面内凹,宽平缘,范内模印虎纹,虎双耳耸立,额部刻"王"字纹,环目阔嘴,前肢直立,后肢一前一后,做站立状,尾垂而卷其端。

猫形陶范

宋代。1990年庄浪县水洛镇西关村寺坪塬遗址出土。长8.8厘米,宽4.2厘米,重30克。泥质红陶。火候不匀,用模翻制。背部凸起,范内模印猫的双耳、鼻、嘴、身、尾,猫呈伏卧状,双耳耸起。

青蛙形陶范

宋代。1990年庄浪县水洛镇西关村寺坪塬遗址出土。长3厘米，宽2厘米，厚1.7厘米，重14克。泥质红陶。背面凸起，正面内凹。范内模印青蛙，鼓目宽嘴，背部圆鼓，饰小圆点纹，四足分开。

卧马形陶范

宋代。1990年庄浪县水洛镇西关村寺坪塬遗址出土。长8.3厘米,高6厘米,重42克。泥质红陶。背面凸起,正面内凹,范内模印卧马头身及鞍鞯纹饰。

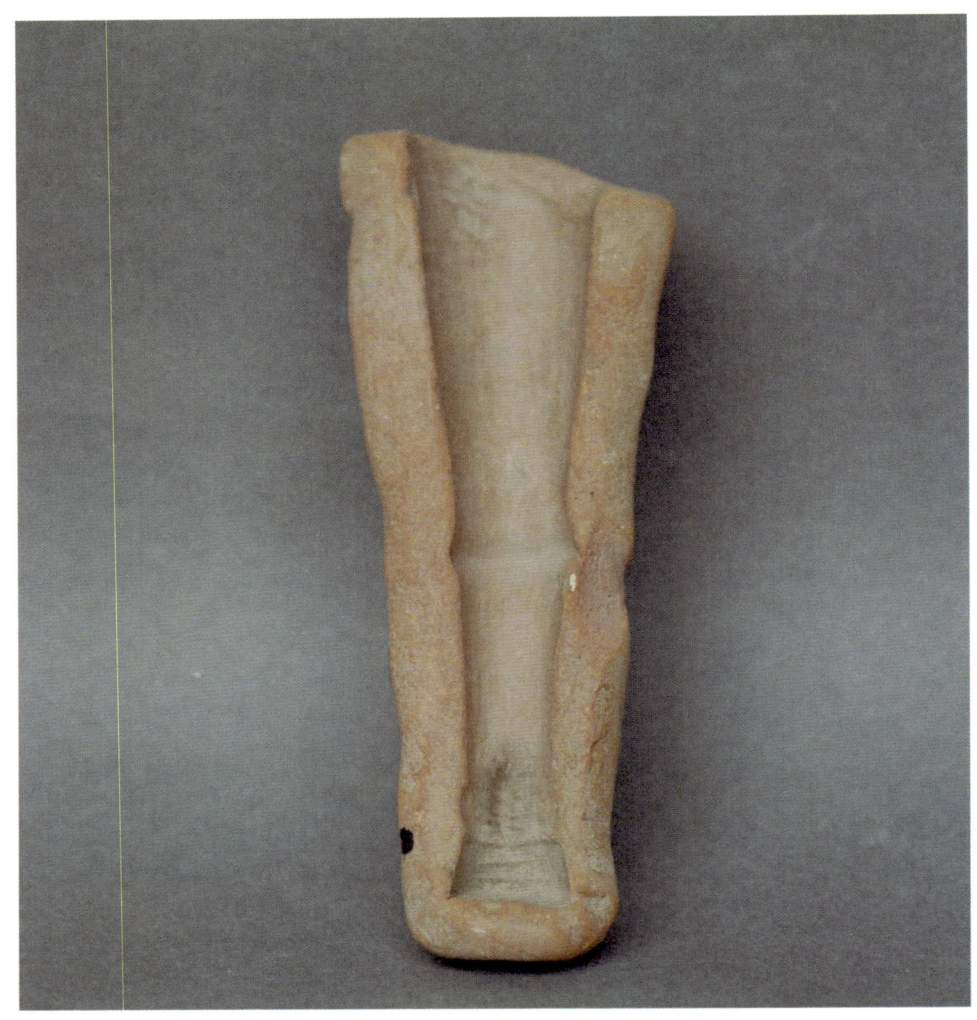

马腿形陶范

宋代。1990年庄浪县水洛镇西关村寺坪塬遗址出土。长9.6厘米,宽3.6厘米,重44克。泥质红陶。用模翻制而成,呈上粗下细半圆柱状,背鼓,范内模印马腿形象。

马腿形陶范

宋代。1990年庄浪县水洛镇西关村寺坪塬遗址出土。长9厘米,宽3.8厘米,重40克。泥质红陶。用模翻制而成,呈上粗下细半圆柱状,背鼓,范内模印马腿形象。

马腿形陶范

宋代。1990年庄浪县水洛镇西关村寺坪塬遗址出土。长9.4厘米,宽3.4厘米,重41克。泥质红陶。用模翻制而成,呈上粗下细半圆柱状,背鼓,范内模印马腿形象。

马腿形陶范

宋代。1990年庄浪县水洛镇西关村寺坪塬遗址出土。长9.3厘米,宽3.4厘米,重38克。泥质红陶。用模翻制而成,呈上粗下细半圆柱状,背鼓,范内模印马腿形象。

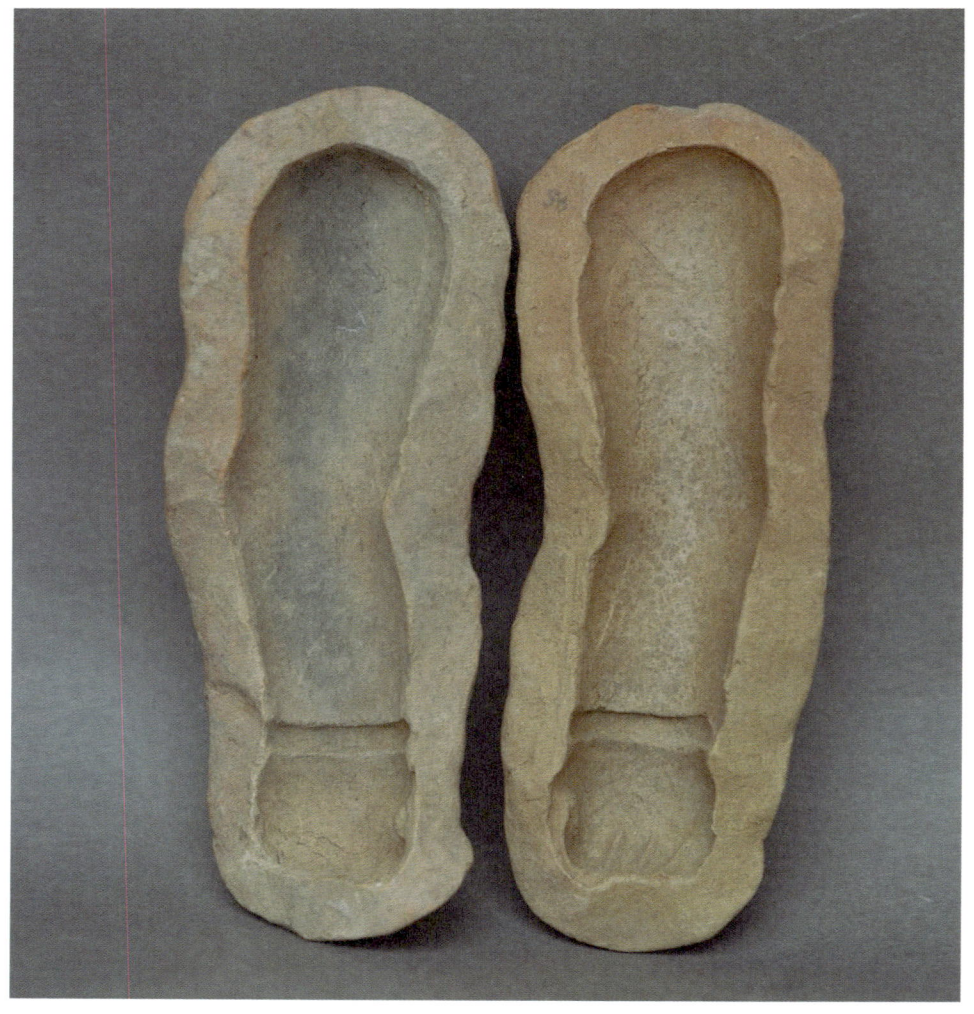

狮腿形陶范

宋代。1990年庄浪县水洛镇西关村寺坪塬遗址出土。长12厘米,宽4.5厘米,重170克。泥质红陶。用模翻制而成,呈上粗下细半圆柱状,背鼓,范内模印狮腿及爪子。

植物类

娑罗树陶塑

宋代。1990年庄浪县水洛镇西关村寺坪塬遗址出土。高12.8厘米，宽7厘米，重112克。泥质黄陶。捏塑，背面平素，正面浮雕娑罗树，下为饼形座。娑罗树冠为五朵圆形千层叶团组成，枝杆显露其中，枝繁叶茂，树身挺拔，盘根错节。

三角形花卉纹陶模

宋代。1990年庄浪县水洛镇西关村寺坪塬遗址出土。高8.7厘米，宽2.7厘米，厚2.3厘米，重121克。泥质黄陶。陶模呈三角形，边略弧，饰竖棱。正面中间浮雕一朵宝相花，绕花饰三片三角形叶纹，叶片上刻斜叶脉纹，边缘戳一周指甲纹。模背中部有鼻形捉手，捉手两侧下凹。

圆形葵花纹陶模

宋代。1990年庄浪县水洛镇西关村寺坪塬遗址出土。直径8厘米,厚1厘米,重81克。泥质红陶。呈葵花形,正面正中浮雕一朵12瓣葵花,并刻有葵花籽、叶纹,外刻一周突棱纹。背面中部有凸棱形捉手,捉手两侧微凹。

菊花瓣陶模

宋代。1990年庄浪县水洛镇西关村寺坪塬遗址出土。直径4厘米,重15克。泥质黄陶。扁平状。正面刻八角菊花纹,内区五瓣花蕊,外区雕刻八瓣花叶,上有叶脉纹。

菱形菊花纹陶模

宋代。1990年庄浪县水洛镇西关村寺坪塬遗址出土。长7.2厘米,宽5.0厘米,重量51克。泥质红陶。平面呈菱形。背面有鼻形捉手。正面纹饰三级渐次叠起,顶部略小,面饰菊花纹,中层和底层分别饰细、粗齿棱纹,底层四角乳钉凸出。

枣核形梅花纹陶模

宋代。1990年庄浪县水洛镇西关村寺坪塬遗址出土。长9厘米，宽4厘米，重67克。泥质红陶。形如枣核，正面中部隆鼓，表面浮雕梅花纹，两侧饰蝴蝶纹，边沿饰花叶。模背部正中有凸起长棱捉手，捉手两侧微凹。

枣核形梅花纹陶模

宋代。1990年庄浪县水洛镇西关村寺坪塬遗址出土。长7.5厘米,宽5.5厘米,重70克。泥质红陶。呈枣核状,正面中部隆鼓,表面浮雕四朵梅花及缠枝,边沿饰一周叶纹。模背部正中有凸起捉手,捉手两侧微凹。

枣核形花卉纹陶范

宋代。1990年庄浪县水洛镇西关村寺坪塬遗址出土。长10.6厘米,宽7.3厘米,重131克。泥质红陶。形如枣核,背部凸鼓,正面宽平沿,正中内凹,模印缠枝花卉纹。

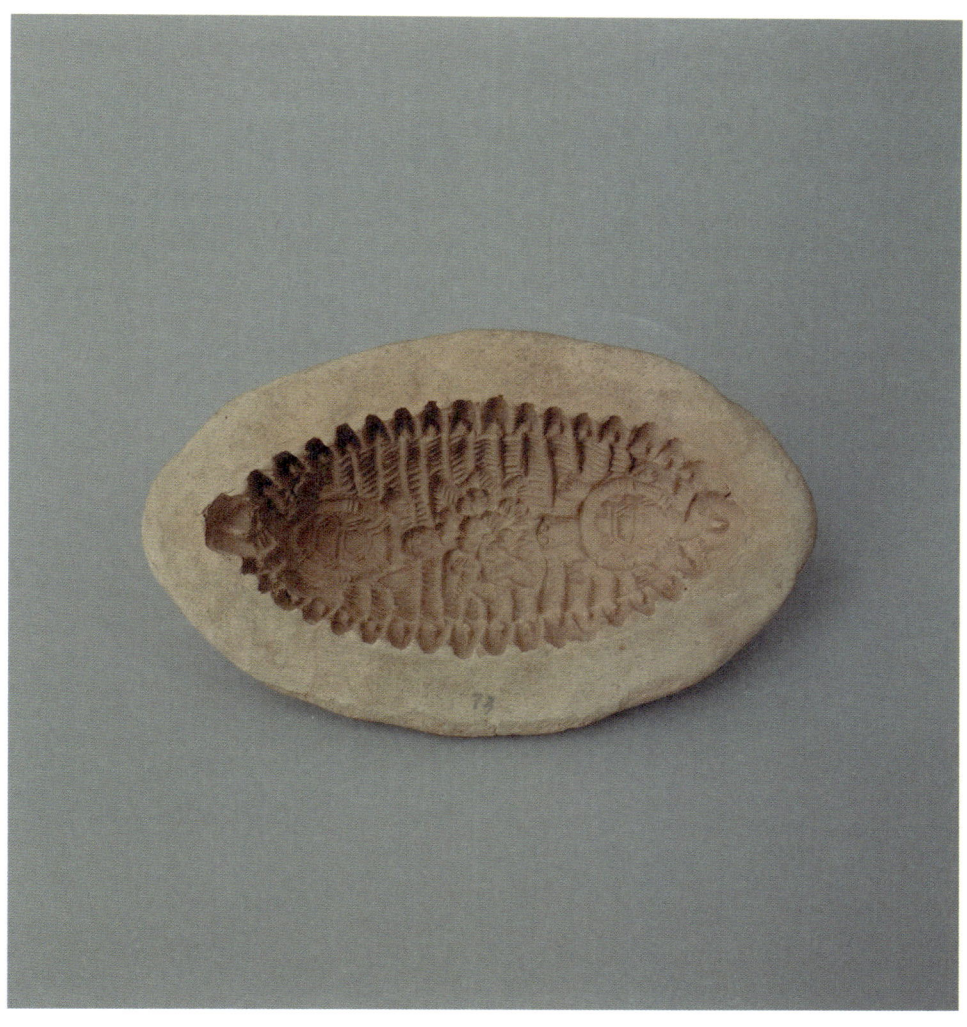

枣核形花卉纹陶范

宋代。1990年庄浪县水洛镇西关村寺坪塬遗址出土。长11.3厘米,宽7厘米,重124克。泥质红陶。形如枣核,背部隆鼓,正面宽平缘,正中内凹,模印一朵梅花,梅花两侧各模印一只乌龟及繁密叶脉纹。

其他类

陶亭

宋代。1990年庄浪县水洛镇西关村寺坪塬遗址出土。泥质黄陶。陶亭由宝顶、亭顶、亭身、台座4部分组成。顶高3厘米，亭身高3厘米，台座高1.5厘米，通高10厘米，宽5厘米，重63克。亭顶为四角攒尖顶，上有圆锥形宝顶，面饰竖棱纹，浮雕四脊挑角。外檐四角饰铺作，铺作下接四根立柱，台座正中有一圆孔，四角有柱洞，外侧有三角围墙，台座四侧面雕刻砖纹，其中一面正中饰坡梯形台阶。

碓形陶模

宋代，1990年庄浪县水洛镇西关村寺坪塬遗址出土。长10.4厘米，宽4.8厘米，高3.2厘米。泥质红陶。陶碓由两部分组成，底座前端有圆形凹槽，中间两侧有凸起支架，支架上置杆，杆前端置于底座的凹槽内。陶碓表面模印曲线、直线组成纹饰图案。碓是舂米的用具。在杠杆一端安椭圆或上方下圆的石头，用脚踩另一端，使圆石起落，捣去石臼里稻谷的壳。此模是石碓的模型。

灯形莲花纹陶范

宋代。1990年庄浪县水洛镇西关村寺坪塬遗址出土。口径9.4厘米,高4.2厘米,重210克。泥质红陶。陶范呈灯形,用模翻制而成,外壁圆鼓内凹陷,灯捉手部外撇连沿,上饰菊花纹,外沿饰斜线纹一圈。灯底面圆形,饰莲花纹、斜线纹、弦纹。

帽形陶范

宋代,1990年庄浪县水洛镇西关村寺坪塬遗址出土。直径5.2厘米,高3.5厘米,重90克。泥质红陶。状如帽子,平顶,中空,外表模印编织纹。

人字形陶范

宋代。1990年庄浪县水洛镇西关村寺坪塬遗址出土。长4.5厘米，宽4厘米，重19克。泥质红陶。用模翻制，背鼓，正面呈人字形，内凹，其内模印一物体背面，饰以线形条纹。

下编 研究篇

庄浪县博物馆藏宋代陶模、陶范研究*

李晓斌　陈晓斌

（甘肃　庄浪县博物馆）

【摘要】 庄浪县博物馆收藏的150件宋代陶模、陶范，是全国考古发现最具代表性的宋代陶模、陶范，是研究宋代文化、宗教、艺术、民俗等方面的珍贵资料。本文对庄浪宋代陶模、陶范在时代、制作工艺、题材用途等方面做初步研究。并将庄浪宋代陶模、陶范和其他地区出土和发现的宋代陶模、陶范做对比研究。

【关键词】 陶模；陶范；宋代；制作工艺；题材用途；对比研究

　　宋代陶模、陶范是古代泥质雕塑文物的重要组成部分，对研究宋代历史文化具有非常重要的意义。新中国成立以来，江苏镇江、常州，宁夏海原，甘肃庄浪，陕西西安，河南漯河、洛阳、开封，山东青州、聊城等地相继出土和发现宋金时期陶模、陶范1000多件，出土数量大、种类多，为研究陶模、陶范提供了翔实资料。本文在实地调查与查阅资料的基础上对庄浪宋代陶模、陶范的时代、制作工艺、题材用途等相关问题做初步研究。同时，在调查全国其他地区出土和发现宋代陶模、陶范基础上，将庄浪宋代陶模、陶范和其他地区出土和发现陶模、陶范做对比研究。以期引起社会关注和相关专家学者重视，为对其更深入研究打下基础。

　　1990年5月，甘肃省庄浪县水洛镇农民在寺坪塬遗址内取土时，发现一批宋代陶模、陶范共计150件，其中陶模79件，陶范41件。分人物、动物、花卉、建筑、窑具等几大类。人物有立像、坐像、卧像、头像、成人俑、孩儿俑等。动物有龙、虎、狮子、大象、马、猴、青蛙、鸽子等。模具有花卉纹、动物纹、几何纹等纹饰图案。

---

*本文系甘肃省文物局甘肃省文物保护科学和技术研究课题项目"庄浪县博物馆藏宋代陶模、陶范研究"（课题编号：GWJ201833）阶段性成果。

一

五神伏龙陶模 高11.7厘米，宽7.9厘米。泥质红陶，椭圆形。背面平素，正面花纹凸起，图案刻画四女一男共五神制服龙的情景：龙头部一女神左手紧抓龙角，右手持剑猛砍龙须，龙颈部一女拿绳索做捆绑状；另一女神在龙背部做拔剑状；一男神在龙尾根部双手做搂抱状；龙尾部一女神拿剑砍杀。五神神态各异，形象生动逼真。龙怒目圆睁，龇牙咧嘴，身躯修长，盘曲翻转，因遭五神伏杀而显得惊恐万分。画面布局疏密有致，线条细腻流畅。（图一）

释迦牟尼涅槃陶模 长6厘米，宽4.5厘米。呈椭圆形，背平素无纹。正面图案凸起，画面为佛祖释迦牟尼涅槃以后，右胁而卧，头枕右手，神态安详，九个弟子围绕佛陀悲伤痛哭，神态各异，造型生动传神。（图二）

图一　五神伏龙陶模　　　　　　　图二　释迦牟尼佛涅槃陶模

武士头陶模 高7.8厘米，宽3.5厘米。红陶上施黑彩。武士头戴幞头，眉头紧锁，眉梢弯扬，配以圆凸的怒目，阔鼻露孔，嘴唇宽厚。面部肌肉棱角分明，展现出勇猛刚烈之气。（图三）

推车商贩陶模 长3.9厘米，高3.1厘米。泥质红陶，呈椭圆形。背面较平整，正面图案凸起，图案为一商贩推独轮车前行，商贩戴圆头巾，面部不清，车上堆放篮筐等物，车上撑有遮阳伞。（图四）

图三　武士头陶模

图四　推车商贩陶模

赵公明陶模　高7.5厘米，宽6厘米，厚1.5厘米。泥质红陶，平面呈椭圆形，背面略平。陶模正面浮雕赵公明，头戴武士冠，颈系颈护，身披铠甲，双肩有披膊，腰系带。左手握拳于胸前，右手持大斧，腹圆而鼓，分腿立于云端。身后黑虎，曲颈扬首，怒目大嘴。赵公明造型刚健有力，雕刻细致入微。二者皆踩云气纹，腾云驾雾。（图五）

观音菩萨陶塑　高14厘米，宽6厘米。泥质红陶，捏塑。观音菩萨发髻高耸，面相端庄，额有白毫，发辫垂肩，颈戴项圈，上身袒露，左手触地，右手搭于支起的右膝上，左膝盘曲坐于束腰座上。束腰座上有工匠捏塑时留下的指纹和指甲纹。（图六）

图五　赵公明陶模

图六　观音菩萨陶塑

娑罗树陶塑 高12.8厘米，宽7厘米。泥质黄陶。捏塑，背面平素，正面浮雕娑罗树，下为饼形座，娑罗树冠由五朵圆形千层叶团组成，枝杆显露其中，呈枝繁叶茂状，树身挺拔，盘根错节。（图七）

女娲陶模 高4.8厘米，宽1.6厘米。泥质红陶。女娲呈站立状，头披发，面相丰圆，弯眉细目，棱鼻小唇，神态慈祥。上身赤裸，右臂下垂，手提花篮，左臂曲抱，手托小人，丰乳圆肚，腰系荷叶短裙，双腿并立。（图八）

图七 娑罗树陶塑　　　　　　　图八 女娲陶模

持剑将军陶模 高7厘米，宽4厘米。泥质红陶。将军头戴缨盔，横眉竖目，阔嘴高鼻，身着铠甲，肩饰披帛，腰际结带。右手持剑，左手握拳扶腿，右腿着地，左腿盘曲，倚坐于坛座上。（图九）

神仙出行陶模 高6厘米，宽5.2厘米。泥质红陶，圆饼状，正面浮雕，背面光素。图案为神仙出行图，共有四人。左边一人头戴直脚幞头，身穿圆领绣团花大袖长袍，右手扶革带，相貌端庄；前排左数第二人头戴直脚幞头，身穿圆领窄袖袍，双手置胸前执一长棒状物，怒目圆睁。右边一人，仅存头部及上半神，下身残缺。左上方一人，仅露头部及双手，双手交叉。最下方刻画云纹，四人站立在祥云之上。据画面内容推测为神仙出行情景。（图十）

图九　持剑将军陶模　　　　　　　　图十　神仙出行陶模

罗汉像陶模　高6.5厘米，宽3.9厘米。泥质红陶。罗汉光头，长眉，面部清瘦，头后有圆形背光。左手抚膝，右手上举执经卷，身着交领袈裟，结跏趺坐于双层仰莲台座上。（图十一）

说唱人陶模　高5.8厘米，宽5厘米，厚1.6厘米。泥质红陶。椭圆形，背面较平，正面图案凸起，说唱艺人头戴跷脚幞头，头梳双髻，双手执竹板，身穿钱纹短褂，腰系袋，手舞足蹈，做说唱状。（图十二）

图十一　罗汉像陶模　　　　　　　　图十二　说唱人陶模

苏武牧羊陶模 高8.1厘米，宽5厘米，厚2.2厘米。泥质红陶。造型为苏武躬身站立。苏武高鼻梁，竖目微眯，神态庄重严肃。头戴通天冠，身着宽袖长袍，颈戴环形饰物，双手持笏板于胸前。右脚前卧有一只羊，羊双角低头。（图十三）

力士陶模 高9.3厘米，宽4.3厘米。泥质红陶。力士呈站姿，束发，凸额，鼓目，阔鼻，大张嘴，面部狰狞，袒胸露乳，鼓腹下垂，肩披帛，左臂下垂，右臂曲提，手执一物，下着短裙，赤足站立于半圆台上。（图十四）

图十三　苏武牧羊陶模　　　　　　图十四　力士陶模

双龙陶模 直径3.7厘米，泥质红陶。圆形，正面雕刻双龙，一龙头向左，一龙头向右，双龙首尾相连，做同向盘旋。（图十五）

三角形花卉纹陶模 高8.5厘米，宽2.7厘米，厚2.3厘米。泥质黄陶。呈三角形，边略弧，饰竖棱。正面中间浮雕一朵宝相花，绕花饰三片三角形叶纹，叶片上刻斜叶脉纹，边缘戳一周指甲纹。模背中部有微凸鼻形捉手，捉手两侧下凹。（图十六）

图十五 双龙陶模　　　　　　　　图十六 三角形花卉纹陶模

圆形葵花纹陶模　直径3.8厘米,厚1厘米。泥质红陶。呈葵花形,正面浮雕一朵12瓣葵花,并刻有葵花籽、叶纹,外刻一周突棱纹。背面中部有凸棱形捉手,捉手两侧微凹。(图十七)

菱形菊花纹陶模　长7.2厘米,宽5厘米。泥质红陶。平面呈菱形,纹饰三阶渐次层叠,顶层略小,面饰菊花纹,中层和底层分别饰细、粗齿棱纹,底层四角乳钉凸出。背面为鼻形捉手。(图十八)

图十七 圆形葵花纹陶模　　　　　图十八 菱形菊花纹陶模

"崇宁通宝"钱纹印记高僧像陶范　高7.4厘米,宽4.3厘米。泥质红陶,椭圆形。范背面弧鼓,压印有"崇宁通宝"铜钱印纹。正面内凹,范内一高僧结跏趺坐莲花台之上,带圆形项光,闭目颔首,双手置于腹部,做打禅状。(图十九)

图十九 "崇宁通宝"钱纹印记高僧像陶范

童子礼佛陶范 高7.3厘米,宽4.5厘米,厚1.6厘米。泥质红陶。童子头梳"鹁角"发型,面相丰圆,上身穿花边卷纹长褂子,下身及脚赤裸,颈部、手腕、脚腕处皆戴有环状饰物,双手置胸前合十。(图二十)

鸽子形陶范 长12.5厘米,宽5.5厘米,厚2.6厘米。泥质黄陶。背面凸起,正面内凹,内模印一只鸽子,头右尾左,尖啄圆眼,丰羽敛翅,尾羽上翘,做栖息状态。(图二十一)

图二十 童子礼佛陶范　　图二十一 鸽子形陶范

虎形陶范 长14.2厘米,宽8.3厘米,厚3.8厘米。泥质红陶。平面略呈长方形,背部隆鼓,正面内凹,宽平缘,范内模印虎纹,虎双耳耸立,环目阔嘴,

额部刻"王"字纹,前肢直立,后肢一前一后,做站立状,尾垂而卷其端。(图二十二)

青蛙陶范 长3厘米,宽2厘米,厚1.7厘米。泥质红陶。用模翻制而成,内为青蛙形,鼓目宽嘴,背部圆鼓,上饰小圆点纹。(图二十三)

陶亭 泥质黄陶。陶亭由宝顶、亭顶、亭身、台座四部分组成。顶高3厘米,亭身高3厘米,台座高1.5厘米,通高10厘米,宽5厘米,重63克。亭顶为四角攒尖顶,上有圆锥形宝顶,面饰竖棱纹,浮雕四脊挑角。外檐四角饰铺作,铺作下接4根立柱,台座正中有一圆孔,四角有柱洞,外侧有三角围墙,台座四侧面雕刻砖纹,其中一面正中饰坡梯形台阶。(图二十四)

图二十二 虎形陶范

图二十三 青蛙陶范

图二十四 陶亭

二

庄浪县博物馆收藏的陶模、陶范的出土地点在水洛镇西关村寺坪塬,该遗址在宋代水洛城遗址范围内,是宋代、金代出土遗物较为集中的地区。北宋庆历三年（1043），静边寨主刘沪主持修筑水洛城。金皇统二年（1142），水洛城、通边寨置水洛县、通边县，属凤翔路德顺州。寺坪塬遗址位于宋金时期水洛城内，遗址在水洛城西南侧南北水洛河交汇处的三角形台塬上，面积15万平方米，是以宋金文化为主的遗址，文化层厚1~3米，暴露有灰坑、房址、窑址、窖藏、墓葬等。1975年，在遗址范围内发现宋金时期窖藏一处，出土景德镇窑、定窑、磁州窑、耀州窑瓷器60多件、铁器40多件。2011年，在遗址范围内发现一处宋代铁钱窖藏，铁钱上限为北宋仁宗庆历年间铸造的"庆历重宝"，下限为宋徽宗宣和年间铸造的"宣和通宝"。出土陶模、陶范的地方在寺坪塬遗址南面，为宋代遗物集中出土的地区，近年来，还时有陶模、陶范的零星发现。因为出土陶模、陶范数量较多，故当地在当时可能为一处专业陶制生产作坊，出土现场被破坏，未找到其他重要遗迹。在一件罗汉像陶范的背面，有"崇宁通宝"折三铜钱印记，"崇宁"是宋徽宗的年号。在陶模、陶范中，人物服饰有明显的时代特征，男女人物服饰如"幞头""东坡巾""通天冠""山谷巾""甲胄""袍""衫""褙子"等具有明显宋代服装风格，这些陶模、陶范人物所呈现的服装风格，既说明了宋人的穿衣风格，也可以作为这批陶模断代的另一依据。综上所述，这批陶模、陶范无论是遗址性质、罗汉像陶范"崇宁通宝"钱纹，还是陶模、陶范中人物的服饰，都有宋代文化的元素，故这批陶模、陶范的时代，应为北宋晚期。

三

陶模、陶范制作一般要经过炼泥、构思、塑型、刻画、烧制等制作工序，需要娴熟的工艺才可以制作完成。庄浪县位于陇东黄土高原腹地核心区，陶模、陶范制作材料是红胶泥，红胶泥是陇东黄土高原上广泛分布的一种红黏土，被地质学家称为"第四纪红土"，质地细腻且黏性非常好，极易做陶器，早在6000多年前仰韶文化时期就被用作制陶的原料。制作陶模、陶范的原料陶泥要淘洗，首先将红胶泥土晒干碾碎，将泥中杂质清除干净，然后将泥浆进行过滤，再除去残留的废渣。陶泥原料如若不经淘洗，烧制的过程中会因杂质多而造成陶胎开裂。红胶泥土在制作陶泥的时候还会在里面加入棉花或羊毛增加牢度，制作的时候需要将泥料堆放在不通风的阴湿之处，用脚反复踏踩，保持湿度放置3~5天之后再揉踩成泥，可以提高陶泥的可塑性。

陶泥炼制好以后，根据构思器形塑造陶模，待其稍干后再进行雕刻，成为完整陶模。完工后阴干。因不宜暴晒，这些工序须在室内或简易的棚室内进行。制好的成品晾干后，要进行烧制。烧制采用挖洞用砖固垒窑炉的方式。先在窑炉内采用砖条制成小型搁架，然后将所制成的陶模坯放入搁架内，依次排列整齐，不得叠摞，这样使陶模受热均匀，避免与明火直接接触，防温度过高造成陶模互相粘连，提高了烧制陶模的质量。

用上述方法制作陶模（正面图案凸起，背面较平整）是第一道工序，即陶模的制作工序。第二道工序是制作陶范（正面图案凹下，背面凸起）。将和好的陶黏土（即红胶泥）按在陶模上，等稍干后取下，即制成陶范，放入窑内烧制，陶范制成后，可反复使用，生产制作大批量陶模，供上市贸易。立体的陶塑直接用手捏制，或制成两块或多块合范，然后再采用上述办法放入窑炉内烧制、冷却，这样一件完整的陶塑作品就完成了。

四

庄浪陶模、陶范种类繁杂，题材丰富，用途多样。人物为题材的占很大比例，且数量最多，共41枚，其中陶模31枚，陶范10枚。有五神伏龙、释迦牟尼佛涅槃、神仙出行、观音坐像、苏武牧羊等人物故事。其中一类为宋代杂剧或说唱故事中的人物陶模，宋杂剧在中国戏剧史上占有重要的位置，在北宋初年，汉百戏、唐杂剧中的一些带有故事情节的表演形式，逐渐形成了独立的演出形式，过渡为宋杂剧的雏形。以杂剧或说唱故事为题材，制作成泥塑出售，是宋代民间传统文化一大特色。说唱人陶模是其典型代表，说唱艺人头戴幞头，手执竹板状乐器，身穿缺袴短裙，手舞足蹈，表情诙谐，神态生动。

据《东京梦华录》记载，每年立春前一日，开封"府前左右，百姓卖小春牛，往往花装栏坐，上列百戏人物，春幡雪柳，各相献遗"。有的泥偶彩塑，镶金嵌翠，价值高昂。"七月七夕，潘楼街东宋门外瓦子，州西梁门外瓦子，北门外、南朱雀门外街及马行街内，皆卖磨喝乐，乃小塑土偶耳。悉以雕木彩装栏坐，或用红纱碧笼，或饰以金珠牙翠，有一对值数千者，禁中贵家与士庶为时物陪。"庄浪陶模的底部多戳有小圆孔，可以插入木棍，可以手持木柄作为玩具使用。

庄浪陶模、陶范人物形象中一类为儿童造型的"泥孩儿"。在宋元时期，他们的身份地位颇为高贵，被民间尊奉为"摩诃罗巧神"。摩诃罗，又称"磨喝乐""摩合罗"，本是佛教天龙八部的神名之一，人身蛇首。从印度传入中国后，与传统的七夕乞巧节风俗相结合，被民间广为供奉，负有保佑吉祥安乐，多子多福，兼以予人心灵手巧等诸多"职责"。童子礼佛陶范是典型磨喝乐形象，该童子面相丰圆，下身及脚赤裸，双手置胸前合十，表情虔诚，是"摩诃罗巧神"和佛教造型的完美结合。在所有陶模、陶范中，与佛教相关的共有7件，其中陶范3件、陶模4件，有罗汉、菩萨、高僧等人物形象。其中一件娑罗树造型陶塑最具特色，该陶塑背面平素，正面浮雕娑罗树，下为饼形座，娑罗树冠为五朵圆形千层叶团组成，盛开的花朵挺立枝头，枝杆显露其中，呈枝繁叶茂状，树身挺拔，盘根错节。娑罗树为佛教圣树，佛经说佛祖释迦牟尼诞生于树下，又涅槃于娑罗林中。佛教题材陶模、陶范的大量出现，说明佛教在北宋得到广泛传播。另有一类人物形陶模，姿势规整，站立于台座之上，为侍男、侍女形象，推测可能为墓室陪葬品。

以动物为题材的陶模、陶范种类较多，有龙、狮子、虎、象、马、猴子、鸽子等，既有飞禽也有走兽，大都是中国古代劳动人民喜欢的动物形象，人们把它们作为吉庆、瑞祥、喜福和欢乐的象征。把这些动物做成玩具出售，博得了男女老幼的喜爱。此外，还有楼、亭等房屋模型，其微缩比例准确，形象十分逼真，用途待考。由此反映出陶模、陶范作品十分丰富，并注意满足社会多方面的需要。

五

从20世纪70年代至今，中国在城市建设和考古发掘过程中先后在江苏镇江、常州，宁夏海原，甘肃庄浪，陕西西安，河南漯河、洛阳、开封、郑州、许昌，山东淄博、青州、聊城等地相继出土和发现宋金时期陶模、陶范1000多件，出土数量大、种类多，为研究宋代民俗活动、宗教信仰、雕塑艺术、服饰文化提供了珍贵资料。1976年，江苏省镇江市五条街小学后骆驼岭附近宋代泥塑作坊遗址出土一批神像、人物像、儿童角抵像。[1] 1980年1月，江苏省常州市和平路宋元手工作坊遗址出土佛道神仙、世俗人物、玩具器皿、动物偶像泥塑

---

[1] 刘兴：《镇江市区出土的宋代苏州陶捏像》，《文物》1981第3期。

制品4大类31种280件。①1992—1997年，宁夏海原县出土陶模、陶范及陶塑130多件，有人物、动物、植物花卉等图案纹饰，种类繁多，发现者李进兴将这批陶模时代定为西夏。②1996年9月，江苏省镇江市五条街小学基建工地发现宋元时期泥塑手工业作坊遗址，出土了大批宋元时期的泥塑作品，主要有杂剧人物、乐器、鞠球、神像、陶楼等形象。③1999年5月，安徽省淮北市濉溪县柳孜大运河遗址出土宋代红陶抱犬仕女坐像、红陶褓裎婴孩、陶狮子陶模多件。④2002年8月，西安市西大街出土20件宋代"磨喝乐"变体泥偶玩具，大多为头像雕塑，这次发现的泥偶玩具有仕女、官吏、神王像、土地神像、力士像、天王像、猴头像等。⑤2012年3—5月，河南省漯河市郾城区旧城遗址出土宋金时期陶模28件，题材包含宗教造像、世俗人物、鬼怪符咒和动物花草等。⑥2012年5月—2017年12月，河南省开封市北宋东京城顺天门遗址出土陶模41件，题材有人物、动物、花卉、建筑等。⑦近年山东博物馆征集宋金时期的淄博窑陶模、陶范10余件，在椭圆形、圆形或近方形泥块内阴刻或阳刻各种形象。胎质有白胎和红胎两种，烧成火候较高。题材主要有人物、动物、花卉等。⑧2012—2015年，河南省开封市北宋东京城新郑门遗址出土陶模、陶范11个（2个残损），均为红陶质，外形均为椭圆形，时代为宋元，题材有武士、神像、菩萨、动物、莲花等。⑨2002年6月，在山东省泰安市发现一批宋元时期陶模，其中陶模51件，残9件，双模三对，陶模有风景、人物、神怪、动物、植物、图案等。⑩2018年，山

---

① 彭辉：《江苏常州出土泥塑像的初步认识》，《考古与文物》2014第4期。
② 李进兴：《西夏陶模》，银川：宁夏人民出版社1998年版，第6—15页。
③ 霍强、王书敏：《宋元时期的镇江泥塑》，《文物天地》2003年第11期。
④ 杨建华：《淮北隋唐大运河出土的古陶瓷》，《收藏》2012年第9期。
⑤ 贾麦明：《宋代民间艺术奇葩——磨喝乐变体玩具》，《收藏界》2003年第10期。
⑥ 刘晨、李丽莉：《河南漯河出土宋金陶模玩具——古人掌心的童趣》《大众考古》2014年第8期。
⑦ 河南省文物考古研究院、开封市文物考古研究所：《河南开封北宋东京城顺天门遗址2012～2017年勘探发掘简报》，《华夏考古》2019年第1期。
⑧ 胡秋莉、王滨：《淄博窑宋金陶塑玩具印模及陶塑》，《收藏》2018年第8期。
⑨ 葛奇峰：《北宋东京城新郑门遗址出土娱乐类文物品赏》，《文物鉴定与鉴赏》2015年第6期。
⑩ 贾运东：《泰安发现元明时期陶模》，《文博》2004年第6期。

东省聊城市东昌府区古城出土了300余件北宋时期的陶模。①近年来,郑州西大街改造过程中,曾发现多处宋代遗址,出土了部分陶模。洛阳老城安乐窝及新乡、许昌的周边地区也常有宋代陶模出土,特别是洛阳老城曾出土过约300枚陶模和一些制模工具及窑具,其出土地层中的包含物与开封宋代地层中的极其相似。山东省青州地区陆续发现数百件宋代陶模及相关器具,部分陶模的背面印有"崇宁重宝""大观通宝"的钱纹。2009年,河南省开封大学魏跃进收藏了开封、洛阳、郑州、许昌等地出土唐、宋、金陶模100多件。2007年,山东姜爱国向中国国家博物馆捐献了一批宋代陶模范及陶玩具,其中有陶塑99件、陶范27件。②

上述陶模、陶范的分布和出土情况与《东京梦华录》《梦粱录》《醉翁谈录》等文献所记载宋代流行与磨喝乐相关的陶模民俗可相互印证。从已公布的考古资料和民间发现情况得知:各地区的宋代陶模、陶范大多发现于宋代居民生活和制陶作坊遗址,并与一些生活器具同时出土;各地区宋代陶模、陶范的题材基本相同,大体可分为佛道造像、市井人物、神话故事、民俗事象、动物、植物等;各地区宋代陶模、陶范大多采用高浮雕或浅浮雕的造型手法,追求夸张、繁缛的视觉效果;各地区宋代陶模、陶范都受传统文化的影响,具有德范性和教化性;各地区宋代陶模、陶范形制大体相同,大多为椭圆形或圆形,尺寸大多在2~15厘米之间。

庄浪"五人伏龙陶模"与宁夏海原宋夏临羌寨古城遗址出土的"悟空降龙摩睺罗"及"悟空摩睺罗"中的人物服饰造型等基本一致。③庄浪"童子礼佛陶范"与河南洛阳出土的宋代"童子礼佛陶范"无论纹饰、人物神态、衣服褶皱痕迹,还是尺寸大小完全相同。④庄浪"赵公明陶模"与宁夏海原临羌寨出土的"护法神陶模"形制大小基本一致。⑤庄浪"神仙出行图"陶模与山东青州出土的"出行图"陶范图案内容非常相似。⑥山东青州出土的"出行图"是陶范,且

---

①张秀民、孙晶、张平:《从聊城中国运河博物馆藏磨喝乐透视北宋"微生活"》,《黄河 黄土 黄种人》2021年第5期下。
②魏跃进:《宋代陶模》,郑州:河南大学出版社2010年版。
③魏跃进:《宋代陶模》,郑州:河南大学出版社2010年版。
④魏跃进:《宋代陶模》,郑州:河南大学出版社2010年版。
⑤魏跃进:《宋代陶模》,郑州:河南大学出版社2010年版。
⑥李进兴:《唐僧取经壁画与悟空摩睺罗考析》,《东方收藏》2020年第9期。

下部略残，庄浪"神仙出行图"为陶模，器型较完整，这两枚陶范、陶模的刻画纹饰、人物神态、尺寸大小相同。河南开封、山东青州、宁夏海原、甘肃庄浪发现图案内容基本相同的陶模、陶范，并且大小、形状、纹饰等完全相同，这一现象并非巧合，必然有其原因。从地域而言，这几个地方相距较远，尤其在交通并不发达的宋代，怎么会有同一种题材且尺寸大小、图案相同的陶模、陶范出现？究其原因有三。其一，河南开封是北宋时期的都城，是文化艺术传播交流中心，文化向全国各地传播过程中，陶模、陶范文化也就从开封传播到山东、甘肃、宁夏、陕西、江苏等全国各地。其二，在北宋时，山东青州、甘肃庄浪、河南开封、宁夏海原等地应有专门烧制陶模的窑址，陶模、陶范应为就地烧制。甘肃庄浪陶模、陶范中"土地神"陶模相同造型的就有3件，证明是当地批量烧造，不是外来输入品。其三，陶模、陶范的图案题材及模型应由都城开封统一提供，部分由当地艺术家创作，故而形成了这种地域性的相同与差异。从陶模、陶范制作工艺、题材选取、用途功能等诸多方面考究，甘肃庄浪陶模、陶范种类繁多，独具特色，制作工艺上乘，艺术价值较高。就陶模、陶范分布范围而言，河南开封、山东青州、江苏常州、甘肃庄浪等地发现的宋代陶模、陶范存在不只是一个点，而是由数点组成的线，进而形成了一个面，这些陶模、陶范图案造型既有相同之处，又有不同之处，从而说明宋代文化艺术的繁荣发展和博大精深。

（原文发表于《丝绸之路》2022年1期）

江苏常州出土泥塑像的初步认识

彭 辉

（江苏 南京大学历史学系）

【摘要】本文对江苏常州博物馆20世纪80年代发掘的一批宋元时期泥塑偶像进行了梳理和研究，对泥塑中的部分世俗人物和神祇进行了考证，并对泥塑所反映的社会习俗、宗教观念及服饰特征、制作工艺等方面进行了探讨。

【关键词】常州；宋元时期；磨喝乐

1980年1月，常州博物馆考古工作人员在对常州市和平路某建筑工地的抢救性考古发掘中，发现了一座古代房址遗迹。在清理房址内部底层淤泥过程中出土了一批造型别致的泥塑偶像。这批泥塑制品数量众多，出土地点相对集中，且同一题材的泥塑就有十余件甚至百余件，显然是规模化生产的产品。结合出土器物的特征，发掘者推测该房址的性质应为一座宋元时期手工作坊遗迹。

一、出土泥塑

这批泥塑制品共280件，制作工艺基本相似。均采用前后半模合范而成。在小型泥塑的侧面还留有较为明显的范缝痕迹，大型泥塑则使用工具对范缝稍做抹光处理。胎体采用普通红色陶泥，陶土因澄洗不足，断面仍可见杂质颗粒。泥塑均为素烧，表面未施彩或化妆土，烧成温度普遍不高。另外，在泥塑成型后，制作者常以拇指在泥塑底部按压出一个小凹坑，可能是防止泥塑过烧造成空鼓现象的技术处理。塑像内面及底部凹坑内仍可见清晰指纹。

这批泥塑制品按其题材可分为佛道神仙、世俗人物、玩具器皿、动物偶像四大类型31种，多数偶像出土时形象漫漶不清。今选择部分较具代表性的泥塑介绍如下。

（一）佛道神仙塑像

吕洞宾像　3件。TA1320，高10.4厘米，宽5.3厘米，厚3.6厘米。有大小两种，造型相同。头戴纯阳巾，巾带自耳后垂落，方脸，眉目俊朗，颌下三绺短髯，身穿宽大道袍，腰系丝绦，着云头履，双手拱于胸前，端坐于湖石之上。（图一，1）

钟离权像　2件。TA1325-2，高9.2厘米，宽4.8厘米，厚3.5厘米。头绾双髻，披发于脑后。圆脸，凤眼蚕眉。长髯拂于胸前。缀叶为帔，身穿宽大道袍，腰系丝绦，跣足，端坐于湖石之上。左手横持一法器，右手捋须，口舌微张，做说法状。（图一，2）

徐神翁像　1件。TA1325-1，高8.8厘米，宽5厘米，厚3.9厘米。头戴软平帻，披发于脑后。圆脸，圆眼细眉。颌下三绺短髯，身穿宽大道袍，袒胸露乳，腰系丝绦，下着云头履，端坐于湖石之上。左手抚左膝，右手握一系带，系带搭于右肩，身后背一葫芦。（图一，3）

寒山拾得像　1件。TA1316，高8厘米，宽6厘米，厚4厘米。为一对仙人形象。左像散发披肩，右像结双髻，两人装束相同，均着宽袖交领长衫，腰系丝绦，着靴，坐于湖石座上。左像左手搭右像肩，右手指右者，双腿交错；右像双手张开做拍手状。两人均做大笑状，表情滑稽。（图一，4）

布袋弥勒像　2件。TA1317，高8.7厘米，宽7.6厘米，厚2.7厘米。为布袋弥勒造型。分左右拖袋两种，造型完全一致，似为对像。光头，脑后有瘤，圆脸细眉，双耳垂肩。穿宽袖通肩大衣，袒胸露乳，腹部隆起，腰系丝绦，跣足，立于地上。右手捧腹，左手拖一大布袋，做大笑状。（图一，5）

弥勒像　1件。TA1315，高9.8厘米，宽5.5厘米，厚3厘米。梳童子头，额前留发，脑后有瘤，圆脸细眉，双耳垂肩，穿宽袖通肩大衣，袒胸露乳，腹部微隆起，腰系丝绦，下着云头履，立于地上。右脚微探于外。双手捧腹，做大笑状。（图一，6）

菩萨像　1件。TA1318，高11.5厘米，宽4.8厘米，厚3.5厘米。头戴花蔓高冠，两侧宝缯下垂至肩，宽额圆脸，面目不清。身着通肩大衣，结跏趺坐于覆瓣莲台上。莲台下为高须弥座。菩萨身后为一莲瓣形大背光，背光顶端中央为一佛像，佛像两侧沿背光外缘有两组协侍立于望柱之上，佛像及协侍风化不清。须弥座六角，上下枋有云气和蕉叶装饰。（图一，7）

孔子像　4件。TA1321，高9.3厘米，宽4.5厘米，厚3.5厘米。头戴纶巾，缯带垂于肩，宽额阔面，弯眉细目，长须及胸。上穿宽袖交领衫，腰系襦裙，下着裤，裤内另有衬裙。着圆头履。端坐于圆凳之上，双手按于膝上。肃目正色，为一年长智者模样。（图一，8）

图一 出土佛道神仙塑像

1.吕洞宾像（TA1320）2.钟离权像（TA1325-2）3.徐神翁像（TA1325-1）
4.寒山拾得像（TA1316）5.布袋弥勒像（TA1317）6.弥勒像（TA1315）
7.菩萨像（TA1318）8.孔子像（TA1321）

（二）世俗人物塑像

妇人像　1件。TA1319，高9.8厘米，宽5厘米，厚2.8厘米。发自顶中分为两绺，两侧发梢卷曲成环，垂至肩上。圆脸大眼，体态丰腴。身着宽袖交领曳地长袍。腰间系带。穿靴。双手笼于袖中。（图二，1）

武士像　1件。TA1328，高8厘米，宽5.2厘米，厚3.2厘米。头戴护颈盔鍪，盔顶有缨。身穿全副鱼鳞铠甲，肩有披膊，腰间加捍腰，系狮蛮带，脚踏战靴，右手持剑，左手按左膝，端坐于圆石上。武士横眉立目，面露威严之色。（图二，2）

伏凳童子像　1件。TA1332，高7.2厘米，宽4.6厘米，厚4.2厘米。梳童子头，额前留发。圆脸大眼，穿宽袖衫，赤脚，蹲坐于地上。双手抱于前胸，伏于一鼓形圆凳上，凳上刻菱格纹样，模拟竹器实物。童子头颈微侧，面目含笑。（图二，3）

持拍童子像　1件，TA1322，高8.3厘米，宽5.6厘米，厚4.6厘米。梳童子头，头顶、两耳侧各留一片头发，圆脸细眉，眉目含笑，为一男童形象。穿交领窄袖长衫，下着束口长裤，脚穿靴。盘膝坐于地上。双手持一副拍板。（图二，4）

捧雀童子像　1件。TA1331，高8厘米，宽5.4厘米，厚4.5厘米。梳三髻，头顶、两耳侧各留一螺形发髻，圆脸细眉，为一女童形象。穿交领宽袖长衫，脚穿靴。盘膝坐于地上。双手捧一只雀鸟。此像与持拍童子像极为相似。（图二，5）

持拍乐人像　3件。TA1336，高6.1厘米，宽3.2厘米，厚3.4厘米。头戴尖顶笠帽，发披于脑后。身穿宽袖交领衫，盘腿坐于地上。双手持拍板。乐人口舌微张，做吟唱状。（图二，6）

图二　出土世俗人物塑像

1.妇人像（AT1319）2.武士像（TA1328）3.伏凳童子像（TA1332）
4.持拍童子像（TA1322）5.捧雀童子像（TA1331）6.持伯乐人像（TA1336）

（三）玩具器皿塑像

陶楼阁　1件。TA1345，高9.8厘米，宽4.8厘米，厚4.2厘米。两层楼阁，重檐歇山顶。正脊两侧装有鸱尾。底层正面开一拱门，二层正背面各开一拱形窗。楼身以粗细线条刻画出瓦垄、屋脊、角柱、檐柱等。正面台基一侧有缺损。（图三，1）

陶扑满　3件。TA1355，高4.6厘米，腹径6.9厘米，底径3.6厘米。圆顶，顶面为模印兽面造型，兽面粗眉圆眼，方牙阔口，口部开长方形槽，折腹，器腹斜收至底，平底。（图三，2）

陶豆　22件。TA1358，高4.6厘米，口径6.4厘米，底径3.7厘米。子母口，沿面平，盘腹深，腹下接粗矮实心豆柄，柄下为喇叭形圈足，足尖开敞。豆上原有一盖，已缺失。豆盘部分模印有三层纹饰带，上下为连续回云纹条带，中央为卷草纹条带。（图三，3）

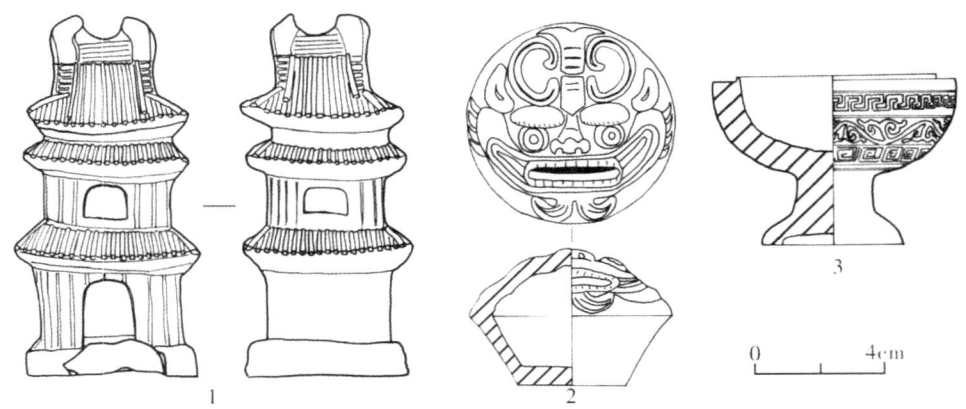

图三　出土玩具器皿塑像

1.陶楼阁（TA1345）　2.陶扑满（TA1355）　3.陶豆（TA1358）

（四）动物偶像塑像

陶麒麟　7件。TA1359，高8.7厘米，宽9.5厘米，厚3.6厘米。额顶生一独角，方鼻阔口，獠牙外露，鬣分三绺，自脑后披至后背。通体披有鳞片，短尾。面目狰狞，做仰天嘶吼。（图四，1）

陶狮　共34件，分雌雄两种。

雄狮　2件。TA1356，高8.8厘米，宽4.4厘米，厚3.7厘米。方鼻尖耳，怒目圆睁，巨口大张，回首咆哮。脑后鬣毛倒卷成涡卷，颈上悬挂缨铃。蹲坐在须弥座上，长尾委地，搭于后足间。狮身与底座连为一体。（图四，2）

雌狮　32件。TA1360，高9.2厘米，狮宽4.8厘米，厚3.8厘米，底座径5.5厘米。基本造型同雄狮。头部略圆，脑后毛分四绺，发梢卷曲，颈部无缨铃，前足间卧有一幼狮。狮身与底座分离。圆柱状底座，正背面各绘有一幅蛟龙飞腾的画面。（图四，3）

陶猕猴　137件。TA1344，高7.6厘米，宽3.5厘米，厚4.8厘米。尖嘴圆眼，身形肥硕，双手抱膝，蹲坐在地上，长尾搭于臀间。身上以密集线条刻画出毛发。（图四，4）

图四　出土动物塑像

1.陶麒麟（TA1359） 2.陶雄狮（TA1356） 3.陶雌狮（TA1360） 4.陶猕猴（TA1344）

二、结语

至迟从南宋开始，江南地区已经出现了专门生产儿童玩具的手工业作坊。1975年，苏州市大石头巷出土了制造玩具的陶范及熔炼金属的坩埚等，被研究者认定为宋代平江城平权坊遗址。① 1980年，镇江大市口五条街小学后骆驼岭附近发现宋代泥塑作坊遗址，出土了一批神像、人物及泥塑儿童像。② 杭州至今存

---

① 南京博物院：《江苏文物考古工作三十年》，《文物考古工作三十年》，北京：文物出版社1979年版，第182页。

② 刘兴：《镇江市区出土的宋代苏州陶捏像》，《文物》1981年第3期。

有"泥孩儿巷",即是作坊集中地的孑遗。而常州作为当时的江南大驿,商品经济繁荣,手工业极为发达,产生专门生产儿童玩具的手工作坊也在情理之中。

遗址中出土的各类偶像,究其功能用途来讲,应与流行于宋元时期的七夕"磨喝乐"风俗有关。关于"磨喝乐"的考证,前人已做过较为详尽的研究,[①]此处不再赘述。值得一提的是,这批塑像中有相当一部分具有对像的特点,如布袋弥勒、男女童像、雌雄狮像等。与孟元老的《东京梦华录》和王鏊的《姑苏志》中的说法完全一致,[②]证明当时的磨喝乐产品确实有了成套配对的概念,宋元商品经济之繁荣可见一斑。

图五 深圳望野博物馆红禄彩"寒山拾得"瓷像

泥塑中神佛诸像的考证落实,因为有其他地点所出的同类器物及绘画材料

[①]王今栋:《"磨喝乐"考》,《美术史论》1987年第1期。
[②]扬之水:《摩睺罗与化生》,《古诗文名物新证(一)》,北京:紫禁城出版社2004年版,第276页。

对照研究，所以比较明确。如"寒山拾得"像即与深圳望野博物馆藏一尊红绿彩寒山拾得瓷像（图五）造型特征十分相似。①其他如钟离权、吕洞宾、弥勒者也均可在宋元时期绘画及同时期造像材料中参看，②足见当时对于此类人物形象已经有了比较固定的蓝本。值得讨论的是"徐神翁"像。"徐神翁"之名在元代杂剧中多次出现，是元八仙的主要人物之一。③关于徐神翁的形象特点，在元杂剧中似乎可以找到些蛛丝马迹。马致远的杂剧《吕洞宾三醉岳阳楼》第四折末《水仙子》，以吕洞宾的口吻依次介绍八仙，其中道："第一个是汉钟离，现掌着群仙箓；这一个是铁拐李，发乱梳；这一个是蓝采和，板撒云阳木；这一个是张果老，赵州桥骑倒驴；这一个是徐神翁，身背着葫芦。"其中提到的徐神翁"身背着葫芦"，正与常州所出偶像特征相符。再结合山西芮城县永乐宫纯阳殿《八仙过海图》壁画所绘"徐神翁"图像，基本可以确定其身份。

泥塑中的玩具器皿在当时亦有其名。宋人话本《万秀娘仇报山亭儿》中记有："合哥挑着两个土袋，摅着二三百钱，来焦吉庄里，问焦吉上行些个山亭儿，拣几个物事，唤作：山亭儿、庵儿、宝塔儿、石桥儿、屏风儿、人物儿。"可见当时这类泥塑玩具已有统称"山亭儿"④台北故宫博物院藏李嵩的《市担婴戏图》里杂货商人担里挑着的，也正是此类泥塑玩偶。直到明清时期，江南地区制作土偶玩具的风气仍未消减。清顾禄的《桐桥倚棹录》卷一一载，虎丘耍货之"头等泥货在山门以内，其法始于宋时袁遇昌，专做泥美人、泥婴孩及人物故事"，"他如泥神、泥佛、泥仙、泥鬼、泥花、泥树、泥果、

---

① 刘涛：《金代红绿彩寒山拾得像小识》，转引自深圳博物馆等：《精彩——金元红绿彩瓷中的神祇与世相》，北京：文物出版社2009年版，第302—309页。

② 深圳博物馆等：《精彩——金元红绿彩瓷中的神祇与世相》，北京：文物出版社2009年版，第22、24、26、36、38页。

③ 元代八仙人物尚未定型，个别人物常有变动，元杂剧中常将"徐神翁"列入八仙之一。如谷子敬杂剧《吕洞宾三度城南柳》第四折《得胜令》："……这七人是汉钟离、铁拐李、张果老、蓝采和、徐神翁、韩湘子、曹国舅。"范子安《陈季卿误上竹叶舟》第四折《十二月》前，叙述八仙登场道："张果、汉钟离、吕洞宾、李铁拐、徐神翁、蓝采和、韩湘子、何仙姑上。"徐神翁，本名徐守信，泰州海陵人，仁宗明道二年（1033）生，年19入天庆观为道士，发运使蒋之奇以"神翁"呼之。徽宗崇宁二年（1103）赐号"虚静冲和先生"，大观二年（1108）卒，年76，赐大中大夫。宋苗希颐所著《徐神公语录》和王禹锡所撰《海陵三仙传》中均有记载。

④ 扬之水：《从孩儿诗到百家衣》，《古诗文名物新证》，北京：紫禁城出版社2004年版，第259—260页。

泥禽、泥兽、泥虫、泥鳞、泥介……精粗不等"①。常州所出泥塑中，三教人物、扑满、楼阁、狮猴麒麟无一不在此列，正是此类玩物的实证。

由于当年发掘工作的科学性不强，原始材料较为粗糙，加之房址内未伴出其他有明确纪年的文物材料，给泥塑的断代研究工作带来一定难度。好在出土泥塑中仍有相当一部分具有明显的时代特征，或可借以推测这批泥塑的相对年代。其一，前引望野博物馆藏金代红绿彩寒山拾得像，研究者考其年代为金代中晚期。②而常州所出"寒山拾得"像无论从形象和造型特征上均与前者类似，则年代应相去不远。其二，在这批塑像中，出现的相当数量的吕洞宾和钟离权的塑像，应与全真教在金章宗时期的变革有关，③则该批塑像的年代上限不应早于金章宗禁止全真教的年代，即金明昌元年，南宋淳熙元年（1190）。其三，塑像上所表现出来的服饰特点，也有鲜明的时代特征，如持拍伎乐人头戴尖顶笠帽，着窄袖短袍，与河南焦作金代墓葬④及山西高平县西李门村二仙庙大殿露台须弥座的金代乐人⑤服饰相似；妇人像的发型及服饰也有明显的北方游牧民族的特征。常州地处江南，未受过金国的直接统治，塑像中出现的具有金代服饰特色的人像只有两种可能，或是南宋时期与金国贸易交流的产物，或是在蒙古统治下才开始的文化交流。可见这批塑像年代的下限应为元代。由此推断，该手工作坊的存续时间约在南宋淳熙年间至元初。

常州出土的这批泥塑偶像，虽然从文物价值而言未必出色，但其中所包含的大量社会生活信息，涉及宗教、冠服、发饰、儿童游戏、古代玩具等诸多方面，仍不失为研究和观察宋元时期社会文化生活的重要实物资料。

（原文发表于《考古与文物》2014年第4期）

---

① 扬之水：《望野博物馆藏红绿彩人物丛考》，转引自深圳博物馆等：《精彩——金元红绿彩瓷中的神祇与世相》，北京：文物出版社2009年版，第292—300页。

② 刘涛：《金代红绿彩寒山拾得像小识》，转引自深圳博物馆等：《精彩——金元红绿彩瓷中的神祇与世相》，北京：文物出版社2009年版，第302—309页。

③ 郭学雷：《从红绿彩瓷器看金代宗教与社会生活》，转引自深圳博物馆等：《精彩——金元红绿彩瓷中的神祇与世相》，北京：文物出版社2009年版，第268—291页。

④ 沈从文：《中国古代服饰研究》，上海：上海书店出版社2002年版，第533页。

⑤ 扬之水：《望野博物馆藏红绿彩人物丛考》，转引自深圳博物馆等：《精彩——金元红绿彩瓷中的神祇与世相》，北京：文物出版社2009年版，第292—300页。

唐僧取经壁画与悟空摩睺罗考析

李进兴

（宁夏　海原县文化旅游广电局）

【摘要】 敦煌石窟西夏壁画之"唐僧取经图"中人物之悟空，与甘肃省庄浪县水洛镇宋代文化遗址出土的"悟空降龙摩睺罗"、北京市收藏家岳辰收藏的"悟空降龙摩睺罗"、宁夏回族自治区海原县贾塘乡马营村宋夏临羌寨古城遗址出土的"悟空降龙摩睺罗"及"悟空摩睺罗"中的人物等如出一辙，彰显了同一人物在同一时代不同地区、不同衣着发饰的案例。

【关键词】 唐僧取经图；悟空摩睺罗

大唐盛世，先后有多名僧侣和官员组成文化团体，通过丝绸之路到西域诸国进行文化交流活动，有关唐僧取经的故事，在丝绸之路上主要以壁画和摩睺罗陶像等艺术形式展现。本文从西夏壁画、摩睺罗陶像的衣着与形态，结合史料，对悟空人物与时代进行考析。

一、西夏壁画与摩睺罗陶像概述

有关唐僧取经图的故事，从目前出现的素材来看，主要有壁画和摩睺罗陶像两种形式。壁画主要在甘肃省瓜州县榆林窟，而摩睺罗陶像主要出土于甘肃省的庄浪县、宁夏回族自治区的海原县，北京市和海外有一定数量的收藏。

（一）唐僧取经壁画

敦煌地区的榆林窟是古代通往西域的必经之路，也是中西方文明的交汇处。今甘肃酒泉市瓜州县，汉武帝时为敦煌郡管辖，唐武德五年（622）称瓜州，清雍正年间设安西郡，1913年改为安西县，2006年更名为瓜州县。文献资料显示，唐僧在取经的来去途中曾在瓜州逗留过一年有余，并且翻译过《十力经》。绘画源于生活，《唐僧取经图》开始在当地盛行。1953年，敦煌文物研究所工作人员在榆林窟第二、第三窟中发现了唐僧取经图，此后又陆续在榆林窟第三、第二十九窟和东千佛洞第二窟中发现了4幅取经图。1973年,王静如撰文介绍了榆林窟三处唐僧取经图,有个共同的特点,就是只画唐僧、孙行者和白马,没有猪八戒和沙和尚。①2009年,刘玉权依照敦煌研究院复原榆林窟第29窟水月观音图稿,对这部分内容悉心辨析后发现该窟《水月观音图》中并没有唐僧取经图。故此瓜州洞窟中的唐僧取经图共有五处。

1. 东千佛洞唐僧取经图

东千佛洞位于瓜州县境内干枯的河谷两岸,距县城约90千米,始建于西夏。东千佛洞第二窟坐西向东,窟内呈龟兹式,覆斗形顶,西壁前设佛坛,两侧及后方有甬道,南、北各设一像台。在南壁西侧和北壁西侧的《水月观音图》中各有一幅唐僧取经图。

(1)南壁西侧唐僧取经图

在东千佛洞南壁西侧《水月观音图》中绘有一幅唐僧取经图。玄奘法师面容平和,鹅蛋脸,有头光,双手合十,穿褐色交领僧衣,左肩披红色袈裟垂至脚踝,露朱红头履。玄奘身后的随行者头戴发箍,长发,圆眼,宽鼻,下颚浅,闭口,但三颗牙齿外露,相貌奇特似猴,身着青绿色圆领长衫,右侧开衩,腰束带,有饰垂下至大腿处,下穿褐色小口裤和麻鞋。他左手抬起,四指攥拳拇指伸出指向后方。(图一)身后有一匹褐色马,背对观者,头扭向唐僧一侧,马鬃厚密略卷,马鞍上空无一物,马尾长垂至地,中间打结。

图一 东千佛洞第二窟南壁西侧唐僧取经图中的悟空描线图

①王静如:《敦煌莫高窟和安西榆林窟中的西夏壁画》,《文物》1980年第9期。

（2）北壁西侧唐僧取经图

在东千佛洞北壁西侧《水月观音图》中，绘有一幅唐僧取经图，内容斑驳难辨。画中玄奘法师侧身站立，长眉，双目微闭，神情庄重，双手合一，身着长袍僧衣，外披袈裟，有头光。身后一人似着淡青色短衫，褐色缚裤，小腿上缠有青蓝色绑腿，平底薄鞋，披风缠于颈部，左肩扛一长棍，头扭向一侧。在他身后有一批棕褐色马，马背上应是空无一物。（图二）

图二　东千佛洞第二窟北壁西侧唐僧取经图与描线图

2.榆林窟唐僧取经图

榆林窟也称万佛峡，位于瓜州县南70千米的榆林河谷中，因河岸玉树成林而得名。石窟创建于唐朝初期，五代、宋夏、元明清续建，现存41个洞窟，西夏时期开凿的第二、第三、第二十九窟均在榆林河东岸上。榆林窟现存有唐僧取经图三处：第二窟西壁北侧《水月观音图》右下角一幅，第三窟东壁北侧《十一面千手观音变》中一幅和西壁南侧《普贤变》中一幅。

（1）第二窟西壁北侧玄奘取经图

在榆林窟第二窟西壁北侧《水月观音图》中右下角绘有一幅玄奘取经图，唐僧师徒站在画面右下角的岸边，岸上有树，枝叶繁茂。唐僧玄奘在前，头圆面方，双手合十高举礼拜观音。身后行者长发垂至前额，戴有头箍，着淡绿色圆领窄袖衫，腰间束黄带，腰后有绿色衣襟垂下，腰下有褐色盖头，穿大口裤，脚穿麻鞋，可见纹理。他左臂下方绕出一根缰绳，拴在身后的马匹头部，马匹仅有头、颈出现在画面中，呈黑色。（图三）

图三　榆林窟第二窟西壁北侧《水月观音图》中的唐僧取经图与描线图

（2）第三窟东壁北侧玄奘取经图

榆林窟第三窟东壁北侧《十一面千手观音变》下部画玄奘像，头后有圆光，右袒褊衫，双手合十，虔诚默念。南侧画悟空，猴相，长发披肩，头束彩带，着衩衣，小口裤，脚蹬毡靴，腰间斜挎经包，右手握金环锡杖，紧靠右肩，挑起一叠经盒。左手高举额前，两眼圆睁，探视前方，精神抖擞。（图四）这里不仅表现了取经归来的喜悦，从头后圆光和安排的位置看，他们已被画师列入观音菩萨侍从神灵的行列。

图四　第三窟东壁北侧玄奘取经图中的悟空描线图

（3）第三窟西壁南侧玄奘取经图

榆林窟第三窟西壁南侧《普贤变》中左侧中间，唐僧师徒站在波浪滚滚的崖岸上，玄奘高鼻丰颚，有头光，双手合十，指尖朝下礼拜普贤菩萨。玄奘身后的猴行者，相貌似猴，毛发长，双目圆睁，昂头露齿，双手合十礼拜。猴行者身后跟有白马，莲台马鞍上内装有经文的包袱熠熠放光，师徒二人身后亦有祥云缭绕。（图五）这是现存最早的唐僧取经图。①此处唐僧取经图人物刻画清晰精致，常常被视为玄奘取经图的代表作。

图五　榆林窟第三窟西壁南侧《普贤变》中的唐僧取经图

（二）宋夏悟空摩睺罗

在叙述之前，首先纠正一下各地的称谓，甘肃省庄浪县、宁夏海原县、北京市及海外收藏的此类物品，有"五神伏龙陶模""陶印龙纹牌"或"陶俑"等称谓。其称有误，应为悟空降龙摩睺罗或悟空摩睺罗。据史料记载，宋夏及

---

①陈育宁、汤晓芳：《西夏艺术史》，上海：上海三联书店2010年版，第61页。

元代时习俗，用土、木等雕塑成小人形，加衣饰，七夕节供养，后来成为儿童玩具。金盈之的《醉翁谈录·七夕》载："京师是日多博泥孩儿，端正细腻，京语谓之摩睺罗。"①小大甚不一，价亦不廉。或加饰以男女衣服，有及于华侈者。唐代的"化生"与此类似。

摩睺罗，亦做"磨喝乐""魔合罗"，佛教神名，天龙八部之一。《法苑珠林》卷三载："一息为一罗婆，三十罗婆为一摩睺罗，翻为一须臾，三十摩睺罗为一日夜。"②

伏龙，亦为卧龙，多指灶神。宋洪迈的《容宅四笔·伏龙肝》载："伏龙在，不可移做。所谓伏龙者，灶之神也。"而画面中反映的内容是五个人奋力降服腾龙。其应为佛教故事，谓用法力制服龙虎，即"降龙伏虎"。《梁高僧传》卷十载："〔涉公〕能以秘咒咒下神龙。"《续高僧传》卷十六载："〔僧稠〕闻两老虎交斗，咆哮震岩，乃以锡杖中解，各散而去。"后以"降龙伏虎"比喻战胜重大困难或恶势力。《封神演义》第八十三回载："降龙伏虎似平常，斩将封为斗木豸。"③

明代吴承恩的《西游记》第十四回载："我老孙，颇有降龙伏虎的手段，翻江搅海的神通；鉴貌辨色，聆音察理。"

因此，称"悟空降龙摩睺罗"或称"悟空摩睺罗"，比较妥当。

1.悟空降龙摩睺罗

目前的资料显示，悟空降龙摩睺罗存世有4块，分别收藏在北京市、宁夏回族自治区海原县、甘肃庄浪县和海外。

（1）庄浪县藏悟空降龙摩睺罗

庄浪县位于甘肃省中部，六盘山西麓，余脉分六支贯穿全境。庄浪县得名于西夏时期"水洛城是为夏属党留族地"，党留族名在元初已转音为庄浪④。党项族原居住在今四川北部、西藏东部、青海东南，在唐代受到吐蕃的侵扰、挤压，逐渐向甘肃东部、宁夏南部、陕西北部迁徙。唐末、五代在藩镇割据斗

---

①夏征农：《辞海》，上海：上海辞书出版社1989年版，第5387页。
②夏征农：《辞海》，上海：上海辞书出版社1989年版，第5387页。
③夏征农：《辞海》，上海：上海辞书出版社1989年版，第1156页。
④崔明：《甘肃"庄浪"地名的历史人类学分析》，《青海师范大学学报（哲学社会科学版）》2015年第1期。

争中党项族逐渐发展壮大。①至北宋时，庄浪地区为秦凤路的德顺军所辖，是北宋和西夏的边界地带，实为西夏文化所控制的范围。悟空摩睺罗艺术品在这一地区也是比较盛行的。1990年5月，庄浪县水洛镇农民在县变电站附近取土时，发现一批宋代制作的陶模、陶范150余件，有人物、动物、亭台楼阁等，最大的约10厘米左右，小的仅2厘米。这批陶模、陶范采用马兰黄土和黏土经多次淘洗后加工成模、范，然后烧制而成，大多数背部捏塑有提手，皆为红陶质，烧制火候较高，小巧玲珑，细腻别致，时代感强。其中有一件平面呈椭圆形的悟空降龙摩睺罗，制作极为精美，尤为引人注目。长为11.7厘米，宽为7.9厘米，厚1.5厘米，重161克，橘红陶质，泥质很细。正面为浅浮雕纹，背面呈平面状。该陶模正面中间一巨龙张牙舞爪、怒目圆睁、奋力腾空，有五位神仙正在与巨龙搏斗，其中一女左手紧抓龙角，右手持剑欲砍龙首。龙颈部有一女神拿绳索套缚。龙背部一女神做拔剑状。一力士用力拽龙尾，凸目张嘴。龙的后肢旁还有一女神右手握剑砍杀。四女神束发冠，身披帛，英姿勃勃，五神皆神态各异，造型逼真。（图六）画面布局疏密有致，生动活泼，富有动感，线条流畅自如，刻画细致入微，形象传神。这批陶

图六 甘肃省庄浪县藏悟空降龙摩睺罗

模、陶范出土地点位于庄浪县水洛镇西关村四坪塬宋代文化遗址（县级文物保护单位）。在出土的这批陶模、陶范中有一件罗汉像，其背面压印有宋代"崇宁通宝"折三铜钱印记②，为确定时代提供了有力的佐证。据称，该遗址是一处专业陶制品生产作坊，是用来制作祭祀供奉牛郎、织女和祈福的祭品。③

---

① 李范文：《西夏通史》，北京：人民出版社，银川：宁夏人民出版社2005年版，第4页。
② 庄浪县博物馆：《庄浪博物馆文物精品图集》，兰州：甘肃人民出版社2018年版，第194页。
③ 刘继涛：《甘肃文物精华：北宋五神伏龙陶模》，《甘肃日报》2004年8月20日第6版。

（2）海原县藏悟空降龙摩睺罗

海原县位于宁夏回族自治区南部，六盘山西北麓，丝绸之路东段北道，有著名的萧关道、没烟峡道、石门关道穿境而过。海原县唐朝设萧关县，西夏设南牟会行宫，宋设西安州。县城住址西夏名东牟会，宋名天都寨，元名海喇都，明代设海喇都营，清代设县于海喇都城（简称"海城"）[①]，后因与辽宁省海城县同名更名为"海原县"。海原县自唐朝便为党项族等少数民族的聚集地，特别是在宋夏时期，长期被西夏党项族占领，西夏文化成为当地主流文化之一。

1992年，海原县临羌寨遗址出土了宋夏时期数以千计的陶模、陶范，有人物、动物、鸟禽、花草、佛像、莲花座、亭台楼阁等，时代感强，最大的高30厘米，最矮的仅2厘米左右，均用当地的红胶泥或黄土烧制而成，雕刻制作工艺极为考究细腻，纹饰逼真入微。悟空降龙摩睺罗出土时，已残缺，只剩上部，下部已失去。残高5.3厘米，宽8.2厘米，厚1.6厘米，红陶质，泥质较细。正面为浅浮雕纹，背面较平整。该陶模正面中间一巨龙张牙舞爪，怒目圆睁，悟空用力攀附龙首之脊，凸目张嘴，衣服随风飘起，造型逼真。（图七）画面布局疏密有致，生动活泼，富有动感，线条流畅自如，刻画细致入微，形象传神。时为胶卷机子拍照，图案比较模糊。

图七　宁夏回族自治区海原县临羌寨出土的悟空降龙摩睺罗

[①] 光绪《海城县志》，银川：宁夏人民出版社2007年版，第20页。

(3)北京市藏悟空降龙摩睺罗

2018年,北京市收藏家岳辰收藏了一件悟空降龙摩睺罗,高11厘米,据说来自山东省聊城,与庄浪县博物馆藏的悟空降龙摩睺罗大小一致,只是人物形象、衣着、所处的位置有了很大的变化。悟空出现在龙身之3个部位,一个在龙脊上,两个在龙尾上。悟空身上穿着盔甲,长头发随风飘逸,龙的造型基本没有多大的变化。(图八)

图八 北京收藏的悟空降龙陶模

(4)海外藏悟空降龙摩睺罗

约翰·黑尔纳(Johannes Hellner,1866—1947)博士收藏的中国文物里面也有悟空降龙摩睺罗,与北京市收藏家岳辰收藏的悟空降龙摩睺罗一致。(图九)

图九 海外收藏的悟空降龙陶模

2.西夏悟空摩睺罗

1992年,在宁夏回族自治区海原县贾塘乡马营村宋夏遗址临羌寨出的悟空摩睺罗①,制作极为精美,衣着外貌甚是奇特,尤为引人注目,颇为珍罕。该悟空摩睺罗残高10.5厘米,红陶质,彩绘,腹空,为模型制作。发式奇特,头部左右规则地各留一撮短发,涂成绯红色,右侧一撮发已失去,但痕迹依稀可见。陶俑眉毛粗浓,眉色飞舞,大眼深陷,眼珠突出,鼻孔随狞獠大口上张。上身裸露,肩部着紫色云肩,一手自然下垂,一手曲起,手握之处留有圆孔。大腹凸出,裸腹、露脐,胸肌凸起,充满幽默感。(图十)此陶俑造型简练夸张,形象朴实,别有韵致。从手握的形态来看,应是圆形棍棒类的器具,挈在肩上,似行走之人。

图十 悟空摩睺罗

3.悟空摩睺罗头像

宁夏回族自治区海原县宋夏遗址临羌寨出土过孙猴子头像式的摩睺罗(图十一),这类题材的存世量还不少,北京市收藏家岳辰也收藏有孙猴子头像式

---

①李进兴:《西夏彩陶俑的发式》,《中国文物报》2000年10月1日第4版。

的摩睺罗（图十二），在陕西省西安博物馆同样也有此类孙猴子头像式的摩睺罗（图十三）。

图十一　海原县宋夏遗址出土的悟空摩睺罗头像

图十二　北京收藏的悟空摩睺罗头像　　图十三　西安博物馆藏悟空摩睺罗头像

二、壁画与摩睺罗人物悟空考析

在敦煌榆林窟西夏壁画唐僧取经图中的玄奘和白龙马均无争议，而其身后的随行者争议比较大，有各种说法。但从悟空的发式、衣着、手执棍棒类的器械、相貌考证，可以得出一个结论，中国唐朝时期的车奉朝应是其原型。

（一）悟空人物之争

《西游记》中的"孙悟空"源自何处？众说不一，在20世纪之初曾有过一场笔战。1923年，胡适在《〈西游记〉考证》里提出："我总疑心这个神通广大的猴子不是国货，乃是一件从印度进口的。也许连无支祁的神话也是受了印度影响而仿造的……我依照钢和泰博士的指引，在印度最古的纪事诗《拉麻传》里寻得一个哈奴曼，大概可以算是齐天大圣的背影了。"胡适的观点遭到了鲁迅的反对，他在《中国小说的历史变迁》中再次提出他在《中国小说史略》中的看法，他认为悟空的形象来自淮涡水神无支祁。无支祁是中国古代神话中的水怪，像一只猿猴白头青身，火眼金睛，力大无穷，常在淮水兴风作浪，大禹治水时将其擒获，锁镇在淮阴龟山脚下。这与孙悟空被佛祖镇压在五行山下情节相类。胡适"疑心"是印度进口的，而鲁迅提出了"土生"无支祁说，可算作第一代交锋。

后来著名梵文学者季羡林提出了"混血"说，实际支持了"哈努曼是猴行者的根本"的"假定"，"原型"仍是来自哈努曼，只是稍加上一些"本土"色彩罢了。他多次在作品中称，孙悟空的原型来自印度教的《罗摩衍娜》史诗罗摩大神的信徒神猴努哈曼。其实，任何一种文化的吸收和引入都会变异，即融入本土化的"基因"，这是不成问题的问题。关键仍是有没有努哈曼的基因。中国小说、戏曲的研究员，也通梵文的学者吴晓铃，在1958年第1期的《西游记和罗摩延书》一文中，反唇相讥，引经据典，予以反驳。这可谓是第二代的论争。①

敦煌研究院名誉院长段文杰认为，玄奘取经是真人真事，并发表论文论证了图中的猴形人即孙悟空原形，名叫石磐陀，其家乡在今甘肃省安西县锁阳城一带。②唐贞观三年（629）玄奘西行取经，途经瓜州（今锁阳城）时当地寺庙讲经说法一月有余，其间胡人石磐陀受其感化而与识途老马助其夜渡葫芦河，闯过玉门关，越五峰入新疆。后吴承恩依此写成《西游记》。③

（二）西夏壁画悟空辨析

东千佛洞第二窟中出现两幅唐僧取经图已是少见，二者均绘在《水月观音图》中则更为鲜有。不过，两幅取经壁画虽在内容上一致，但人物形象相去甚远。南壁西侧中的行者则与榆林窟第二窟行者有若干相似之处：第一，二者动作较为相似，均是一臂弯曲放在胸前，一手高举至额头处；第二，形象相似，行者头发均垂至前额披于脖颈，且头上均戴束发箍，与第三窟《十一面千手观音变》中猴行者相似。

---

① 马维光：《"孙悟空"原型之争》，《中国民族报》2008年1月29日第6版。
② 董毅然：《孙悟空是甘肃人还是印度人》，《科学大观园》2005年第11期。
③ 段文杰：《佛在敦煌（插图典藏本）》，北京：中华书局2018年版，第268页。

榆林窟第三窟西壁南侧《普贤变》中人物形象也与其余有所不同。首先，唐僧不再穿僧袍，而改为小口衫、松口裤，腰间束带，腿束行縢，脚穿线鞋，俨然一副行脚僧的模样。其次，猴行者也在合十礼拜，稍显笨拙，与其余取经图动作不同。再次，图中马背上驮有经袱并熠熠发光，东千佛洞中马背空空，榆林窟第二窟取经图像只有马头露于画面。《十一面千手观音变》中猴行者也身挎经包，肩挑经盒，虽非马背所驮，但同是在榆林窟第三窟中出现，值得关注。

唐宋和西夏时期官员服饰有严格等级限制。北宋前期沿用唐朝时期的官服，三品以上服紫，五品以上服朱，七品以上服绿，九品以上服青。神宗元丰改制后规定，四品以上服紫，六级以上服绯，九品以上服绿。官员平时穿的服装圆领袍衫通常用有暗花的细麻布制成，领、袖、襟加缘边，在衫的下摆近膝盖处加一道横襕，故又称"襕衫"，西夏也有"紫旋襕"官服。东千佛洞第二窟南壁西侧唐僧取经图中的悟空身着青绿色圆领长衫，右侧开衩，腰束带，有饰垂下至大腿处，下穿褐色小口裤和麻鞋。东千佛洞第二窟北壁西侧唐僧取经图中的悟空着淡青色短衫，衣领有了很大的变化，是西域胡人特有的小翻领，褐色缚裤，小腿上缠有青蓝色绑腿，平底薄鞋，披风缠于颈部。榆林窟第二窟西壁北侧唐僧取经图中悟空也是长发垂至前额，带有头箍，淡绿色圆领窄袖衫，腰间束黄带，腰后有绿色衣襟垂下，腰下有褐色盖头，穿大口裤，脚穿麻鞋，可见纹理与东千佛洞第二窟南壁西侧唐僧取经图中的悟空穿着十分相似。其他几幅唐僧取经图中悟空的衣领不在正面，无法看清，但衣着大致相同。从几幅唐僧取经壁画中看，悟空所穿应该是七品官员服。这与史料记载"车奉朝也被朝廷授以左卫泾州四门府别将员外置同正员"[①]的职位，随同张韬光出使西域，时年21岁，十分吻合。壁画中悟空手执铁棍，与史料记载也十分吻合。车奉朝少年时期便习武傍身，长大后从军，当了小吏。唐玄宗在位时期，罽宾国使者不远万里到达东土，表示愿意归附于当时最为强大和繁荣的大唐。唐玄宗闻之大喜过望，立刻任命张韬光为首领，车奉朝为武官左卫，交给他们40多名可支配的士兵，临时组建成一支使者队伍，要前往罽宾国进行安抚。当时的车奉朝也就20出头，刚迎娶了一位娇娘子，怀揣着远大的梦想和抱负，打算干一番大事业。出使罽宾国对车奉朝来说正好是一个大显身手的机会。他收拾行囊

---

① 杨建新：《古西行记选注》，银川：宁夏人民出版社1996年版，第122页。

告别家人,就上路了。车奉朝负责使团的财务和马匹的管护,每当遇到强盗,他都一马当先。他们一行人,翻过大山,跨越戈壁沙漠和沼泽,途经西域十多个小国,有盗匪眼馋他们运送的宝物,但是车奉朝武艺高强,善使一根熟铁棍,盗匪们最后都没有得逞。①

(三)悟空摩睺罗辨析

庄浪县水洛镇出土的"悟空降龙摩睺罗"、海原县贾塘乡马营村出土的"悟空降龙摩睺罗"中的力士人物,与榆林窟第三窟西壁南侧《普贤变》壁画之取经图中的悟空形象完全一样。可以肯定,庄浪县水洛镇出土的"悟空降龙摩睺罗"中的力士人物就是悟空,此陶模应该是宋夏时期,或者更准确地说,应是党项人留下的东西。悟空形象出现在这一地区已不足为怪。从庄浪县水洛镇出土的"悟空降龙摩睺罗"中的力士人物形象和海原县贾塘乡马营村临羌寨古城遗址出土的"悟空降龙摩睺罗",以及北京市和海外私人收藏"悟空降龙摩睺罗"中悟空之形象来看,应是晚年的悟空形象,即取经返回后的悟空。

海原县出土的西夏悟空摩睺罗,神似榆林窟第三窟西壁南侧《普贤变》壁画之取经图的悟空之面相,只是发式、面容和衣着均发生了变化。首先,发式与榆林窟取经图中的发式完全不同,而与敦煌莫高窟第九十七窟童子飞天(图十四)的秃发是一致的,头顶秃发,耳朵两侧则各留一撮头发,为西夏特有的秃发。②其次,壁画中的随行者(悟空)有胡须,而陶俑的面部无胡须;再次是衣着,陶俑肩部仅有紫色云肩,腹部裸露,上身没有穿衣服。

图十四 敦煌莫高窟第九十七窟童子飞天

---

① 史飞翔:《历史上的"孙悟空"》,《教师博览》2014年第8期。
② 陈育宁、汤晓芳:《西夏艺术史》,上海:上海三联书店2010年版,第63页。

宁夏回族自治区海原县宋夏遗址临羌寨出土孙猴子头像式的摩睺罗，陕西省西安博物馆藏孙猴子头像式的摩睺罗，北京市及海外收藏家收藏孙猴子头像式的摩睺罗，均与敦煌榆林石窟东千佛洞南壁西侧《水月观音图》中的悟空形象完全一致。

贞元十六年（800），唐朝高僧圆照奉敕编撰《贞元释教录》，悟空所译三部经在必收之列。当时悟空还在世，圆照亲自访问其生平事迹，以游记的形式概述了悟空游历天竺及其在西域的见闻，并收入所编的书中。《悟空入竺记》对悟空身世有较详细的描述："师本京兆云阳人也，乡号青龙，里名乡义，俗姓车氏，字曰奉朝，后魏拓跋之胤裔也。"①

陕西省泾阳县发现的《大明新建嵯峨山中五台振锡寺唐悟空禅师之塔铭记》刻于嘉靖二十年（1541），重修墓塔时据唐代遗存旧碑重刻。据此可知，奉朝生父姓张。而其名曰车奉朝者，盖其母系北魏皇室鲜卑贵族拓跋氏后裔，或母系当地望族，依母姓足荣身。

宋释赞宁《宋高僧传·上都章敬寺悟空传》曰："释悟空，京兆云阳人，后魏拓跋之远裔也。天假聪敏，志尚坟典，孝悌之声，蔼于乡里。"②天宝十载（751），唐玄宗派出以中使内侍省内寺伯赐绯鱼袋张韬光为首的40余人，携带天朝印信出使罽宾。车奉朝也被朝廷授以左卫泾州四门府别将员外置同正员的职位，随同张韬光出使罽宾。

车奉朝因病不能随团回国，遂留居犍陀罗国，出家为僧，法号法界。后因思念家乡父母，焚灼其心，遂决心回国。其师赠佛经3本，佛牙1颗。经天山南路至北庭，再由回鹘路，于贞元六年（790）回到上京（今西安）。"时左街功德使窦文场，准敕装写进奉阙庭，兼奏从安西来无名僧悟空，年六十，旧名法界，俗姓车，名奉朝，请住章敬寺。"③悟空回国后，曾先在安西（今瓜州县）居住一年多翻译佛经。有关这一点在圆照《悟空入竺记》有较详细的记载："次至安西，四镇节度使、开府仪同三司，检校右散骑常侍、安西副大都护兼御史大夫郭昕，龟兹国王白环（亦云丘兹），正曰屈支城。西门外有莲花寺，有三藏沙门名勿提提羼鱼（唐云莲花精进），至诚祈祷，译出《十力经》，可

---

① 杨建新：《古西行记选注》，银川：宁夏人民出版社1996年版，第122页。
② （宋）赞宁撰，范祥雍点校：《宋高僧传》，上海：上海古籍出版社2014年版，第44页。
③ 钟兴麒、王有德：《历代西域散文选注》，乌鲁木齐：新疆人民出版社1995年版，第74页。

三纸许，以成一卷。三藏语通四镇，梵汉兼明，此《十力经》，佛在舍卫国说。安西境内有前践山、前践寺，复有耶婆瑟鸡山。此山有水，滴雷成音，每岁一时，采以为曲。故有耶婆瑟鸡寺，东西拓厥寺，阿遮哩贰寺。于此城住一年有余。"①唐元和七年（812）正月二十三日，悟空和尚圆寂于长安护法寺，终年82岁。后归葬嵯峨山二台之顶（今泾阳县北部），建振锡寺和悟空禅师塔以纪念。②

三、结论

通过对敦煌榆林西夏《唐僧取经图》壁画中玄奘身后的随行者与庄浪县、海原县出土，以及北京市、海外收藏的"悟空降龙摩睺罗"，海原县贾塘乡临羌寨古城遗址出土的"悟空摩睺罗"的面相、发式、衣着、手执棍棒器械辨析，均与史料完全吻合，悟空原型就是唐朝为武官左卫车奉朝。与玄奘同时出现在壁画中，并非是师徒关系，而是依先后取经的顺序绘在壁画上。悟空不仅仅是反映了一个取经的故事，他已成为人们的护佑神祇。

（原文发表于《东方收藏》2020年第9期）

①钟兴麒、王有德：《历代西域散文选注》，乌鲁木齐：新疆人民出版社1995年版，第73页。
②史飞翔：《历史上的"孙悟空"》，《教师博览》2014年第8期。

磨喝乐研究

刘调兰

（甘肃 华亭市博物馆）

【摘要】 磨喝乐是中国古代历史时期较为特殊的一类器物，散见于全国多地，据古代文献记载和相关考古发现，磨喝乐是包括泥质、陶制、玉质、木质、金质等多种材质和色彩的各类童子形象，有男童和女童之分，是一种方寸之物，以童子执莲/荷的形象最为典型。对古代文献记载和所搜集到的考古材料进行梳理后发现，磨喝乐在手工业作坊遗址、窑址、墓葬、城市生活类遗址、窖藏中均有出现，另外博物馆馆藏和私人收藏中也有不少。在按时代进行全面统计的基础上，对典型的磨喝乐进行考古类型学划分，将其分为三期，从磨喝乐的发展演变链条看，磨喝乐是魏晋时期中原本土求子风俗盛行的背景下，受观音送子信仰的影响，脱胎于送子观音，将莲花和化生童子二者相结合，又在世俗文化的催生之下，逐步脱离观音产生的一种单体器物，用于人们日常生活之中。最早在隋唐出现，当时作为一种佛教装饰性图案或造像中的一部分使用，后来在宋代逐步发展成民间喜闻乐见的磨喝乐，流传至元明，作为明器、七夕民俗节的供奉物和生活玩具及枕头玉佩等实用器使用。磨喝乐文化以汉文化为主流，同时受佛教文化和西域文化影响。

【关键词】 磨喝乐；类型；分期；源流；功能内涵

"磨喝乐"目前尚未有明确的定义，此名称是学者基于古代文献记载直接沿用的名称，不少学者也常以"宋代陶模"称之，二者常混称，还有个别学者并未直接定名，而将其称为"婴偶"。

之所以对磨喝乐有不同的称法，是不同学者基于不同地区的磨喝乐材料或者磨喝乐的个别属性的命名。其一，宋代的陶质玩具磨喝乐是宋代玩具体系中的一类，为突出其作为模范玩具的特征，强调磨喝乐的年代和玩具特性，便有学者采用"宋代陶模"这一称法。[①]其二，因不少学者认为磨喝乐是佛典中记

---

① 魏跃进：《宋代陶模》，郑州：河南大学出版社2010年版，第7页。

载的"摩睺罗迦",故将磨喝乐称作"摩睺(侯)罗"①,其谐音又称"暮和乐"。其三,也有学者通过研究元代杂剧材料,认为元杂剧中的"魔合罗"是"似观音像仪"的女像,也称磨喝乐为"魔合罗"。②另外,"婴偶"的称法比较少见,多是个别收藏家对自己收藏的个别磨喝乐器物进行介绍时的称法或是学者据磨喝乐的孩童形象随意称之。③

据本文梳理的各地区和各时期的磨喝乐材料显示,磨喝乐并非简单的仅有陶质这一种,也并非只是宋代有出现,且形象不只有"婴偶"孩童式这一种,无论是从年代、材质,抑或是形象、功能、内涵等角度看,以上称法范围适用性均有限,对当下已发现的丰富种类和数量的磨喝乐已不能够适用。故本文的研究对象"磨喝乐"是根据文献记载和实物的特征相互印证而采用的指代性名称,其范围和概念均有别于先前学者所称的"宋代陶模"和其他对磨喝乐的各种称法。

一、文献中的磨喝乐

迄今为止,在众多学者有关磨喝乐的研究中,涉及的宋代相关文献最多,尤以宋代孟元老的《东京梦华录》引用最广。宋代文献虽相对多,但学者多是借此论证自己对磨喝乐来源的观点,并未对磨喝乐相关传世文献做综合整理,同时大都忽略了对出土文献的关注和磨喝乐作为一种常见的世俗物在唐、宋、元、明等时期众多诗词曲、小说、杂剧之中频繁出现的现象。故以往研究在文献梳理方面有所遗漏,在不明确其共性和基本特点的前提下,相关研究说服力度是不足的,这也是导致磨喝乐概念混乱的根本原因,需通过系统梳理相关传世文献和出土文献,与实物对应进而展开相关研究。

(一)文献记载情况

无论从文献记载或是考古发现情况来看,磨喝乐在宋代社会风靡于世,这已是不争的事实,宋代传世文献记载相对也较多,但从时间顺序看,对磨喝乐明确记载的文献远不止于此,宋代以前和宋代以后都有记载磨喝乐的文献。为

---

①傅芸子和扬之水、杨琳分别在《宋元时代的"磨喝乐"之一考察》和《摩睺罗与化生》《化生与摩侯罗的源流》中有相关论述。
②欧阳哲生:《胡适文集》,北京:北京大学出版社1998年版,第62—66页。
③马嘉璐:《宋代景德镇窑婴戏纹浅析》,《收藏家》2018年第7期。

后续深入展开相关探讨,以下将以与磨喝乐发音和中文音译名称相类似的文献记载为切入点,梳理有关文献。

1.唐代相关文献

磨喝乐之名在唐代就已经出现。段成式的唐代小说《酉阳杂俎》续集卷五《寺塔记上》云,道政坊宝应寺"有王家旧铁石及齐公所丧一子,漆之如摩睺罗,每盆供日出之"①。此处的盆供日,指七月十五的中元节,说明磨喝乐在中元节的寺庙中被供奉。

磨喝乐因发音相似常被学者与佛经中文译本中常出现的"罗睺罗""摩侯罗""摩诃迦罗"等佛教神进行直接联系,因此从磨喝乐名称和发音上做最初文献考究当是最为确切的,由此便追踪到晚唐五代时期的敦煌文献。敦煌是佛教东传中原的必经之地。佛教自汉传入中国,历经魏晋南北朝发展,至隋唐空前繁盛,到晚唐五代时期日益渗透到各阶层文化和日常生活之中。在佛教文化的影响下,各种佛教文献资料数量增多,内容更为丰富。在此时的敦煌地区,磨喝乐已有流传,且作为一种明确的儿童塑像以佛教中的供养具的用途频现于敦煌文献中,唐代七夕妇女乞子的习俗在此时也有相应体现。

法藏敦煌文献P.4004《庚子年(940)后报恩寺交割常住什物点检历》载:"供养具,新造鍮石莲花二相并座具全,计大小八十四叶。摩睺罗共荷叶四事,内三叶并钿。"②又,法藏敦煌文献P.3111《庚申年(960)七月十五日于阗公主舍施纸布花树台子等历》载:"庚申年七月十五日,于阗公主新建,官造花树新花树……新五色台子三十八,又旧五色台子二十七,磨睺罗一十,瓶子八十四。"③其中,"摩睺罗共荷叶四事"及"磨睺罗一十"两处记载说明佛教中的摩侯罗与荷叶组合成一定数量,同时与莲花等共同作为一种供养具使用。

另外,在和田出土的《归义军节度使曹议金致女于阗皇后书》中记录道"今大王信,摩睺罗锦一匹,小绫一匹"④,是已知最早的关于"摩睺罗"的文字记载,其中摩睺罗锦是指具有摩睺罗纹样的熟织物。

---

① (唐)段成式著,曹中孚点校:《酉阳杂俎》,上海:上海古籍出版社2012年版,第154—158页。
② 法国国家图书馆藏:《敦煌西域文献》,上海:上海古籍出版社1994版,第335页。
③ 法国国家图书馆藏:《敦煌西域文献》,上海:上海古籍出版社1994版,第329页。
④ 荣新江:《于阗与敦煌》,兰州:甘肃教育出版社2013版,第223页。

除敦煌文献外，唐诗对唐代的"化生"一俗也有描述，唐薛能的《吴姬》诗云："身是三千第一名，内家丛里独分明。芙蓉殿上中元日，水拍银盘弄化生。"①元代僧人释圆至将此诗中的"化生"一词，引唐《岁时纪事》中的"七夕，俗以蜡做婴儿形，浮水中以为戏，为妇人宜子之祥，谓之化生。本出西域，谓之摩睺罗"②作为注释。说明唐代七夕普遍盛行求子风俗，且流行蜡制的磨喝乐。

由以上情况可知，唐代时，磨喝乐有莲花、荷叶这一特征，在佛教寺庙中作为供养具使用，在民间七夕节用作妇女求子，且从材质来讲，断不止蜡制这一种。

2.宋代相关文献

至宋代，磨喝乐则大量出现于集录汇编、史著、诗词及宋小说之中，转抄现象也不在少数，其中不乏对磨喝乐材质、造型特征、使用时节及情况的说明，也有对磨喝乐的鉴赏和品析。由此可窥探时人的雅趣。

北宋坊、市隔绝的制度被完全打破，城市和市镇兴旺发展，《东京梦华录》开篇便对汴梁市井四时皆然、商业活动时间不受限制、市民生活丰富多彩、城市商业繁荣的现象做了形象描述：

太平日久，人物繁阜。垂髫之童，但习鼓舞；斑白之老，不识干戈。时节相次，各有观赏。灯宵月夕，雪际花时，乞巧登高，教池游苑。举目则青楼画阁，绣户珠帘。雕车竞驻于天街，宝马争驰于御路，金翠耀目，罗绮飘香。新声巧笑于柳陌花衢，按管调弦于茶坊酒肆。八荒争凑，万国咸通。集四海之珍奇，皆归市易；会寰区之异味，悉在庖厨。花光满路，何限春游；箫鼓喧空，几家夜宴……③

磨喝乐能在市场上广为流传，与当时开放活跃的社会经济市场包容的世俗文化密不可分。对此宋代文献、通俗小说、诗词中对磨喝乐有不少记述。

---

① （清）彭定求：《全唐诗》，北京：中华书局1960年版，第6520页。
② （元）释圆至：《笺注唐贤绝句三体诗法》卷一，《四库全书存目丛书》集部第289册，济南：齐鲁书社1997年版，第293页。
③ （宋）孟元老：《东京梦华录注》，中华书局1982年版，第351页。

在京城地区，磨喝乐在全城风靡流传，孟元老在《东京梦华录》中对磨喝乐的售卖和使用情况有详细记载：

> 七月七夕，潘楼街东宋门外瓦子、州西梁门外瓦子、北门外、南朱雀门外街及马行街内，皆卖磨喝乐，乃小塑土偶耳。悉以雕木彩装栏座，或用红纱碧笼，或饰以金珠牙翠，有一对直数千者。禁中及贵家与士庶为时物追陪……七夕前三五日，车马盈市，罗绮满街，旋折未开荷花，都人善假做双头莲，取玩一时，提携而归，路人往往嗟爱。又小儿须买新荷叶执之，盖效颦磨喝乐。儿童辈特地新妆，竞夸鲜丽。至初六日、七日晚，贵家多结彩楼于庭，谓之"乞巧楼"。铺陈磨喝乐、花瓜、酒炙、笔砚、针线，或儿童裁诗，女郎呈巧，焚香列拜，谓之"乞巧"。妇女望月穿针。或以小蜘蛛安合子内，次日看之，若网圆正，谓之"得巧"。里巷与妓馆，往往列之门首，争以侈靡相向。"磨喝乐"本佛经"摩罗"，今通俗而书之。①

此外，金盈之《醉翁谈录》中对京城磨喝乐的情况也做了相应描述：

> 京师是日多博泥孩儿，端正细腻，京语谓之摩睺罗，大小甚不一，价亦不廉，或加饰以男女衣服，有及于华奢者，南人目为巧儿。②

除京城外，磨喝乐在全国多地也受到时人追捧，苏州制作技术为最甚，且为官方生产磨喝乐。如明人王鏊撰《姑苏志》卷五十六中所载，"（宋人）袁遇昌居吴县木渎，善塑化生摩睺罗，每抟埴一对，价三数十缗，其衣襞囟，按之蠕动"③，已有活动的磨喝乐。又如陈元靓《岁时广记》卷二十六中载：

> 摩睺罗，俗讹呼为磨喝乐，南人目为巧儿。今行在中瓦子、后市街、众安桥卖磨喝乐最为旺盛。惟苏州极巧，为天下第一。进入

---

① （宋）孟元老：《东京梦华录注》，北京：中华书局1982年版，第781页。
② （宋）金盈之：《新编醉翁谈录》，扬州：江苏广陵古籍刻印社，1981年版，第34—35页。
③ （明）王鏊：《姑苏志》，台北：台湾商务印书馆，1969年版。

内廷者，以金银为之。谑词云："天上佳期，九衢灯月交辉。摩喉孩儿，斗巧争奇。戴短檐珠子帽，披小缕金衣。嗔眉笑眼，百般地敛手相宜。转晴底工夫不少，引得人爱后如痴。快输钱，须要扑，不问归迟。归来猛醒，争如我活底孩儿。"①

综上，北宋前期，磨喝乐尺寸不同，造型精致，装饰华丽，执荷叶为其显著特征（形象）。有泥制、金银制等，身份地位不同，使用材质不同。市场广泛，消费者数量大，且售价不低，有售卖和扑卖的出售方式。使用人群对象多，年龄性别不一，在世家贵族和平民家庭皆受到了欢迎。主要在七夕供奉，用以妇女乞巧（用途）。苏州的磨喝乐全国首屈一指，制作技术高超，生动灵活。此外，孟元老认为宋代的磨喝乐来源于佛教中作为供养具使用的"摩侯罗"，但在唐代作为佛教供养具的"摩侯罗"是如何突然在北宋时期社会市场和民间广为流传的，作者并未说明，其原因值得深思。

随着市场经济发展，北宋工商业繁荣，北宋末年，磨喝乐价格亦随之水涨船高，世风奢靡，司马光闻得此象，在《和公达观潘楼七夕市》中挥笔写道：

织女虽七襄，不能成报章。无巧可乞汝，世人空自狂。
帝城秋色新，满市翠幂张。伪物踰百种，烂漫侵数坊。
谁家油壁车，金碧照面光。土偶长尺余，买之珠一囊。
安知杼轴劳，何物为蚕桑。纷华不足悦，浮侈真可伤。②

北宋末年，在国民经济发展的大潮之下，人民生活水平也得以提升，仅"长尺馀"的泥质磨喝乐从"一对直数千者"到"买之珠一囊"，却丝毫不影响世人对磨喝乐的喜爱，足见磨喝乐这一器物对市民生活的重要性。

到了南宋，民间和皇家贵族流传使用的磨喝乐花样更多，造型多变，装饰更为精美。西湖老人《西湖老人繁胜录》和吴自牧《梦粱录》中对全民青睐的

---

① （宋）陈元靓：《岁时广记·二》，载引自王云五：《丛书集成初编》，上海：商务印书馆1939年版，第302—303页.
② 李奕仁：《神州丝路行——中国蚕桑丝绸历史文化研究札记下》，上海：上海科学技术出版社2012年版，第464页.

这一器物的形象特征进行了详细描述：

> 御街扑卖摩候罗多，著乾红背心，系青纱裙儿，亦有著背儿，戴帽儿者。牛郎织女扑卖盈市，卖荷叶伞儿，家家少女巧饮酒，促织盛出，都民好养。①

> 七月七日谓之七夕节……内庭与贵宅皆塑卖磨喝乐，又叫摩喉罗孩儿，悉以土木雕塑，更以造彩装襕座，用碧纱罩笨之，下以桌面架之，用青绿销金桌衣围护，或以金玉珠翠装饰尤佳。……市井儿童，手执新荷叶，效摩喉罗之状。此东都流传，至今不改，不知出何文记也。②

除执荷叶形象外，磨喝乐的衣着也不一，有系青纱裙、戴帽、金玉等物作为装饰，用纱罩保护，但对七夕使用磨喝乐的习俗从何而来，吴自牧仅说明其风俗流传已久，但来源不明，说明他对孟元老认为宋代的磨喝乐来源于佛教中供养具摩侯罗这一说法是不认同的。同时，磨喝乐仍为七夕节使用得到进一步印证，这一现象较北宋有过之而无不及，《宋史·礼志》载："上元结灯楼，寒食设秋千，七夕设摩睺罗、帘幕，岁时一易，岁用酌献二百四十羊……"③

但南宋时期也出现了新的现象，著名政治家、文学家周必大在《宋诗钞·右答胡贤叔》中记载："况是上元佳节近，华灯万店看莲孩。"④此诗中提到的"莲孩"和当时磨喝乐童子以及莲花的特征相吻合，说明南宋时期，磨喝乐不仅局限于七夕节使用，在元宵节也频繁出现，存在成双成对出现的情况。赵师侠《鹊桥仙·丁巳七夕》一诗中描述："明河风细，鹊桥云淡，秋入庭梧先坠。摩孩罗荷叶伞儿轻，总排列，双双对对。花瓜应节，蛛丝卜巧，望月穿针楼外，不知谁见牛女忙，谩多少，人间欢会。"⑤

寄寓宋人良好意愿的磨喝乐，作为一种吉祥物，也在好友之间相互馈送："临安风俗，嬉游湖上者，相尚多买平江泥孩儿，仍与邻家，谓之土宜像。"⑥

---

① （宋）周密辑：《武林旧事》，北京：中国商业出版社1982年版，第12页。
② （宋）吴自牧傅著，林祥汪：《梦梁录》，济南：山东友谊出版社2001年版，第25页。
③ （元）脱脱：《宋史》，北京：中华书局1977年版，第3727页。
④ （清）吴之振：《宋诗钞》，北京：中华书局1986版。
⑤ 施悦：《鹊桥仙·七夕》，《中华诗词》2012年第3期。
⑥ （金）元好同等撰，常振国、金心点校：《续夷坚志湖海新闻夷坚续志·泥孩儿怪》，北京：中华书局1986年版，第233页。

从制作材料看，到南宋，磨喝乐不仅有泥制，皇家贵族更以珍贵香木、黄金、玉石，甚至象牙雕制而成，奢侈，精巧，贵重，使用量大且大小不一，如宋末元初周密《武林旧事》所载：

> 七夕节物，多尚果食、茜鸡，及泥孩儿号"摩侯罗"，有极精巧，饰以金珠者，其直不赀。并以蜡印凫雁水禽之类，浮之水上……小儿女多衣荷叶半臂，手持荷叶，效颦"摩侯罗"。大抵皆中原旧俗也。七夕前，修内司例进"摩侯罗"十卓，每卓三十枚，大者至高三尺，或用象牙雕镂，或用龙涎佛手香制造，悉用镂金珠翠。衣帽、金钱、钗镯、佩环、真珠、头须及手中所执戏具，皆七宝为之，各护以五色镂金纱厨。制阃贵臣及京府等处，至有铸金为贡者。宫姬市娃，冠花衣领皆以乞巧时物为饰焉。①

又如明人沈德符在《万历野获编》"七夕"条下记载的南宋皇室将贵重的金银类磨喝乐作为赐品赏赐大臣的情况："七夕暑退凉至，自是一年佳候。至于曝衣穿针、鹊桥牛女，所不论也。宋世，禁中以金银摩睺罗为玩具，分赐大臣。"②

市民间除泥质外，也有木雕磨喝乐，如南宋胡朴安《浙江·临安岁时记》载："七夕节市中以木雕塑孩儿，衣以彩服而售之，名为摩睺罗。"③

摩睺罗由北宋时苏州者极巧，为天下第一，到南宋更为精美，"七夕摩睺罗，土人工于泥塑所造摩睺罗尤为精巧"④，其他地区也出现了制作磨喝乐的能工巧匠，陆游在《老学庵游记》中记载了当时陕西鄜州的工匠田氏制作泥孩儿的情况：

> 承平时，鄜州（今陕西富县）田氏做泥孩儿，名天下，态度无穷，虽京师工效之，莫能及。一对至十缣，一床至三十千，一床者或五或七也。小者二三寸，大者尺余，无绝大者。⑤

---

① （宋）周密著，李小龙、赵锐评注：《武林旧事》，北京：中华书局2007年版，第56—57页。
② （明）沈德符：《万历野获编》，上海：上海古籍出版社2012年版，第124页。
③ 杨琳：《中国传统节日文化》，北京：宗教文化出版社1900年版，第275页。
④ （宋）祝穆：《方舆胜览》，北京：中华书局2003年版，第624页。
⑤ （宋）陆游：《老学庵笔记》，北京：中华书局1979年版，第83页。

可知当时陕西富县田氏制作的磨喝乐闻名天下,销售广泛,尺寸相对小,价格依旧高昂,多应上层贵族和富人阶层使用。

综上,南宋时期,磨喝乐的形象由北宋以局部执荷叶为主至南宋已细化全身,衣着和装饰更为精致精美和多样,常见金玉翠珠等装饰,也出现了譬如纱罩之类的围护物,但仍以童子和莲花组合为主流,变得更为生动灵活,尺寸总体较小。制作材料除常见的泥质外,广泛出现了木、金、玉石、象牙等各种材质,价格因材质不同而不同。磨喝乐的生产区域不再单一,呈现出"一超多强"的情况。在使用数量上,可单体,也可成对使用。使用范围由此前主要为妇女乞巧所用逐步发展到上至皇家贵族下至平民百姓全民追捧,也作为一种吉祥物在好友之间互相赠送。在使用时间上,突破了七夕节令的单一化,在元宵节等中国传统节日中也有使用。

3.元代相关文献

元代磨喝乐的相关记载多见于元曲、小说、元杂剧之中,对磨喝乐的制作技术手法、使用范围、在节令日的售卖和使用情况等涉及较多。这一时期的文学作品感情基调浓厚,赋予了磨喝乐不少人文主义色彩,其形象记载也更为生动灵活。

磨喝乐在元代主要在七夕乞巧使用,基本保持了宋代的以泥塑为主,尺寸较小等特征。熊梦祥在《析津志辑佚》中载七夕时的元大都:

> 市中小经纪者,仍以芦苇夹棚,卖摩诃罗巧神泥塑,人物大小不等,买者纷然。宫廷宰辅、士庶人家咸做大棚,张挂七夕牵牛织女图,陈瓜、果、酒、饼、蔬菜、肉脯,邀请亲眷、小姐、女流,做巧节会,称曰女孩儿节。①

元代流传的磨喝乐形象较之宋代发生了变化,元代把孩子们玩儿的泥人儿也称作"魔合罗",即磨喝乐。如杂剧作家孟汉卿在《张孔目智堪魔合罗》里有更细致的描述:"曲弯弯画翠眉,宽绰绰染绛衣,黄烘烘凤冠霞帔,觑形容仙女合宜,塑下观音般像仪。"②元代散曲家杜仁杰在《七夕》中对七夕时磨喝

---

① 熊梦祥:《析津志辑佚》,北京:北京古籍出版社1983年版,第220页。
② 张月中:《全元曲》,郑州:中州古籍出版社1996年版,第3388—3389页。

乐的使用场景做了简要描述："今宵两星相会期，正乞巧投机。沉李浮瓜肴馔美，把几个摩呵啰儿摆起。齐摆礼，端的是塑得来可嬉。"①

在使用方面，成对组合出现，除男性外，女性磨喝乐也有所体现，如郑廷玉《忍字记》载："花朵儿浑家不打紧，有魔合罗般一双男女。"②

总之，在元代，七夕的民间市场上仍出售磨喝乐，但远不及宋代全民崇奉的地步，呈现出衰落的迹象，新的现象是磨喝乐开始作为一种指代物，在小说文学、词曲中常有体现。

4.明清相关文献

明代磨喝乐基本传承此前的特征，保持孩童的灵活生动的形象，在民间仍然有崇奉磨喝乐的习俗，但售卖使用的多是泥质和木制的磨喝乐，衣着相对简单。田汝成撰《西湖游览志余》记载："七夕，市中以土木雕塑孩儿，衣以彩服而卖之，号为摩喉罗。"③朝廷贵族使用磨喝乐的热度急剧下降，在七夕节，甚至用更为节能的方式取代之前宋代大量供奉磨喝乐的习俗。明人沈德符在《万历野获编》"七夕"条下记：

> 宋世，禁中以金银摩睺罗为玩具，分赐大臣。今内廷虽尚设乞巧山子，兵仗局进乞巧针，至宫嫔辈则皆衣鹊桥补服，而外廷侍从不及拜赐矣，唯大榼辈以瓜果相饷遗。民间则闺阁儿女尚修乞巧故事，而朝家独无闻。意者盂兰会近，道俗共趋，且中原遗祭陵寝，尤国家重典，无暇他及耳。④

另外，在明末凌濛初的话本小说集《二刻拍案惊奇》中也可看到磨喝乐的影子："轿中人在轿内闻得孩子声唤，推开帘子一看，见是个青头白脸魔合罗般一个小孩子，心里喜欢……盖因小儿是宫中所不曾有的，实觉稀罕。及至见了，又是一个眉清目秀、唇红齿白的，魔合罗般能言能语，百问百答，你道有不快活的吗？"⑤

---

① 齐豫生：《中国古典文学宝库》，长春：延边人民出版社1999年版，第11页。
② 伊永文：《古代中国闲情琐记》，北京：中国工人出版社2018年版，第20—26页。
③ （明）田汝成：《西湖游览志余》，杭州：浙江人民出版社1980年版，第360页。
④ （明）沈德符、杨万里：《万历野获编》下，上海：上海古籍出版社2012年版，第56页。
⑤ （明）凌蒙初：《二刻拍案惊奇》，上海：上海古籍出版社1983年版，第67-68页。

至清代，对磨喝乐的崇奉程度更为下降，在民间处于一种可有可无的状态，正如清人张尔岐在《在蒿庵闲话》中所言："大同于七夕以蜡若彩为女人形，涂朱施粉，衣奇锦，佩金珠，肩典鼓吹，道送婚姻家，酒肴果饵继至，至则衰媪童姹焚香密祝，继以笑弄，名之曰摩侯罗。既云生子之祥，又不当止为女人形。要是儿女嬉戏之事，设之原庙何居？"①

在朝中更是无此物，乃至王士禛无法理解宋室崇奉磨喝乐的乐趣所在，在《香祖笔记》中感慨道："从伯文玉讳其玫，号能诗，尝有咏宋高宗一绝云：'千金空买玉孩儿。'不得其解。"②

总之，明清时期，磨喝乐总体发展呈现衰弱趋势，民间七夕尚偶崇奉磨喝乐，在朝中贵族之间已经出现用更为简约的方式取代宋代大量供奉金银磨喝乐的情况。

另外需要特殊说明的是，尽管金代定窑瓷业繁荣，同时在宁夏海原地区也有磨喝乐发现，但目前未发现史书对金代普遍流行的红绿彩磨喝乐及西夏磨喝乐有相关记载。故金代和西夏时期的磨喝乐主要根据出土资料、传世藏品，以及参照其他类似器物进行分析。

（二）磨喝乐的基本特点

可以确定，磨喝乐在唐代已经出现，有泥质和蜡制两种，为一种儿童塑像，主要在民间和佛教寺庙等场所供奉使用。使用时间分别在七夕和七月十五的中元节。在民间，七夕以婴儿形用以妇女乞子，在佛教中是在七月十五中元节单独使用或与莲花、荷叶等及其他器物组合共同做供养具使用。除中原外，磨喝乐形象流传至新疆和田。

整个宋代是磨喝乐发展的繁盛期，在京城和民间均大量出现。随着商品经济发展，磨喝乐价格随之高昂。磨喝乐大小不一，但整体偏小。主体形象为童子与莲花组合即执荷叶的儿童，有单体执荷叶的，也有两个或两个以上儿童排列组合成对组合的情况，身穿背心或系裙子，服饰多样，有的头戴帽，手戴镯子，形象细腻生动，神态表情灵活，具有孩童天真烂漫的本真，材质多样，有泥质、金银制等。又以儿童为主体衍生出各种不同的造型，附加装饰精美华丽，如戴帽子，身披小金衣，用木雕的彩栏或者红色纱罩安放，用金

---

① （清）张尔岐：《蒿阁闲话》二卷，上海：商务印书馆1939年版，第1—4页。
② （清）王士祺：《香祖笔记》，上海：上海古籍出版社1982年版，第59页。

珠牙翠等装饰。磨喝乐在七夕节前后大量上市，在民间以直接出售和扑卖两种方式销售，主要用于妇女乞巧。此外，南宋时磨喝乐也在元宵节使用，推测在其他节日也可能作为一种常见物使用，作为吉祥物在好友之间互相赠送。磨喝乐民间多用泥质，相对朴素的磨喝乐，如有身穿红背心、系青纱裙的形象，有戴帽子、执荷叶伞等；京城皇家贵族和富商多用金银质、玉石等奢侈材质的磨喝乐，也用大量贵重精美配饰作为附加装饰，供奉和赏赐大臣。可单独使用也可成对成组合使用，有固定和可以活动的两种。个别地区出现制作磨喝乐的能人，如苏州袁氏、陕西富县田氏等。

可以说，在整个宋代，磨喝乐拥有两大不同的使用阶层，即以百姓为主的平民阶层和以富商、皇家贵族为主的富人阶层。市民百姓之间流传的多是成本较低的泥质、木制，且造型较为朴素的磨喝乐。富人阶层多供奉制作成本高，技术精湛的玉石、金制等材质的磨喝乐。在使用数量上，前者较少，后者往往成批成组合使用。

元代，磨喝乐开始走向衰落，仅在七夕使用，民间以泥塑为主，在保持宋代磨喝乐基本特征的基础上，仍有成组使用情况，有男童、女童两种磨喝乐。明清时期，磨喝乐虽仍流传，但创新度不高，有孩童特征，但不局限于执荷，造型单一且装饰朴素，逐渐趋于可有可无的状态，虽民间仍有出现，但皇室贵族基本不用。

综合各时期磨喝乐特点可以看出，磨喝乐最为显著的形象特征分别为"儿童""莲花"及"荷叶"，且是先有"莲"后才出现"荷叶"。即是一种以儿童形象为主体，常与莲花、荷叶组合使用，从而演化出多样的造型特征，辅以其他各种色彩的装饰配件的各类童子形象。但并非所有的童子一类器物都是磨喝乐，磨喝乐只是童子形象中的一类。其一，童子形象的出现远在磨喝乐之前，早在汉代，画像石上便有大量儿童形象的出现，其位置、构图、造型均与磨喝乐有差异。[①]其二，单纯童子类的相关物尺寸大小不一，使用时间和用途广泛，但磨喝乐有其明确的用途和使用时节。因此，二者有共同点但不能完全等同，只是到唐宋时因童子执荷形象的磨喝乐深入人心，加之广泛流传才使得人们逐渐以孩童代替磨喝乐这一类实物，将其范围缩小了，二者不能混淆。值

---

① 霍宏伟、霍奕然：《汉代画像石上的儿童形象》，《文史知识》2017年第6期。

得注意的是，尽管陶模数量种类丰富，也有不少陶模形象与磨喝乐相似，但由其定义和适用性看，陶模是材质为陶质和泥质的模制器物，而磨喝乐的材质、形象更为广泛，制作方法技术也更为多样。因此，二者有共性的同时又有差异性，并非所有的陶模都是磨喝乐。

磨喝乐还存在一些变体物，主要是符合磨喝乐基本特征，在其基础上逐步衍生出的一些日常生活实用器物，如枕头、玉佩等，相关物主要是一部分傀儡玩具。枕头主要是以磨喝乐典型的童子执荷为主要形象而制作的金质、白釉瓷质、红绿彩瓷质、白底黑花瓷等材质的磨喝乐形枕。玉佩多为执荷类玉童，形态各异，轻巧且便于携带。另外，与磨喝乐相关的傀儡玩具为宋代所流行，"傀儡"指的是"以具有可塑性的材质制作而成，可以被外力操控而动的拟人形物"①，有悬丝傀儡和杖头傀儡玩具，儿童玩耍、游戏之用。②

二、磨喝乐的实物资料

本文所使用的实物资料主要来源于调查、发掘的考古资料。因磨喝乐在遗址或墓葬中不作为主要遗物出现，报告所记载的内容一般比较简略且零散，线图和图片比较少。因磨喝乐实物分布范围广，本文收集整理的实物资料来源也相应广泛，除考古调查和发掘出土的资料外，还有各大博物馆藏品，另外适当选取私人收藏的部分典型磨喝乐纳入其中。以下对各时期磨喝乐出土地点、时间、数量、同出器物，以及资料来源等详细信息进行系统梳理，将相关情况以图表形式附于文末，便于对照。

具体而言，考古发现的磨喝乐实物及图像资料以北宋、南宋、金时期出土物为最多，其余各时代发掘出土器物比较少，但总体来看，磨喝乐的现存数量相对大。空间分布范围主要包括内蒙古、甘肃、宁夏、陕西、山西、河北、河南、山东及湖南、江西、江苏等地区。此外，磨喝乐还见于上海、天津、广东等地的博物馆中。

（一）出土实物

考古出土的磨喝乐主要从墓葬、窖藏、窑址及城市生活遗址，如手工业作

---

① 刘琳琳：《宋代傀儡戏研究》，首都师范大学硕士论文，2007年。
② 张文珺：《两种有趣的宋代泥玩具——陶模与童戏傀儡》，《美术学报》2018年第3期。

坊等场所发现，尽管分布时空范围广，但由于资料极其零散杂乱，故本文立足严谨的态度，所采用的实物资料均为核实后信息明确可靠且器型完整的器物，同时为进一步对磨喝乐的形象和相关情况进行把握，相应参考了一些相关图像资料，另因客观因素限制，对部分相关信息存疑尚不明确的及残缺的相关器物予以了舍弃，最后共计71件。为便于清晰了解磨喝乐的发现情况，下面分年代对不同地区的重要考古材料进行介绍。

1.唐之前及唐代磨喝乐相关物的考古发现

在磨喝乐的初始阶段，考古发现的实物数量有限，但相关图像资料相对丰富，从磨喝乐童子这一最固定的特征入手，最早可从敦煌壁画及考古出土的唐代其他相关器物图像中找到有关磨喝乐的形象，虽非磨喝乐实物，但对整体把握磨喝乐的相关情况至关重要。

现存北凉时的莫高窟第268窟及第272窟中的化生童子与莲花两类形象，与后代流传的磨喝乐有某些相似之处。同时，北魏第251窟顶前也画有化生童子与莲花，第257窟平棋顶东南角的斗四莲池童子。直至西夏，化生仍绵延不绝。[①]但此时的化生童子寓意单一明确，均与莲花为一体，为佛教所特有。

考古发现，目前所见唐代最早的童子形象为唐代史道德墓中出土的唐代石刻艺术品石幢上刻的四个半裸于花纹之中的童子形象，即"化生"，作为主体花纹的附属图案出现，童子相对不够灵活，面部形象老成，真实反映了初唐时期的童子形象。[②]

初唐之后，不少器物中开始出现其他附童子类题材画面和儿童陶俑。1955年，在西安东郊韩森寨初唐墓（天宝四年，745）出土两件儿童陶俑实物，一件光头裸体，另一件为两个正在戏水的童子，较为灵活生动。该墓为中型土洞墓，随葬品丰富，以多陈列在墓室东半部分棺床上的俑最为突出，有陶瓷类男俑、女俑、十二生肖俑、天王俑、镇墓兽俑、卧羊俑等，其他随葬有玉石、金、银、铜、铅质的装饰品及瓷碗、铜镜、剪刀、等实用工具[③]。由前文可知，该墓出土的两件形象生动的儿童陶俑实物，就是磨喝乐。

湖南长沙铜官窑遗址中出土了一件绘有童子执荷图的晚唐白瓷壶，壶上绘

---

① 杨雄：《莫高窟壁画中的化生童子》，《敦煌研究》1988年第3期。
② 罗丰：《固原南郊隋唐墓地》，北京：文物出版社1996年版，第108—110页。
③ 张正勒：《西安韩森寨唐墓清理记》，《考古通讯》1957第5期。

有一男童，右手后执一荷叶，左手握一飘带，呈疾步行走之状，为典型的磨喝乐形象。①

总之，初唐及之前的化生童子面部相对模糊，不十分清楚，细节处理比较死板，缺乏儿童的天真烂漫及幼稚气。初唐之后童子逐渐变得生动灵活，展示出儿童的活力。整个唐代童子的最显著特征是头部比较大，占身体的1/3或1/4，且身体肥胖，上半身赤裸，但完全赤裸的童子不多见。其中，出现体型偏小的"童子执荷"的典型图像，无疑是早期的磨喝乐形象。

2.宋代磨喝乐的考古发现

宋代是磨喝乐发现数量最多的时期，全国各地均有宋代磨喝乐实物出土，以下分北宋和南宋两个时期进行介绍。

（1）北宋

1965年，陕西省咸阳市旬邑县的城关镇发现了安仁古瓷窑遗址，出土北宋时期的陶质磨喝乐2件，分别为彩绘击鼓童子、拍手童子，大小相仿，高均12厘米左右，胎质皆为红陶，经过素烧，表面施有白色化妆土。②1978年，该窑址又出土3件磨喝乐，为抱球童子、沐浴童子俑和一件睡卧童子俑，高12~29厘米，红胎素烧，胎质比较坚硬，表面打磨光滑，制作规整，外施白色陶衣。现均藏于陕西历史博物馆。安仁窑址属耀州窑系，该窑址发掘了11座宋至金元时期窑炉和晾坯场等，出土遗物近9万件，宋、金元文化层分别出土大量生活用具、玩具、作坊工具等。③磨喝乐出自宋代文化层，同出的有碗、灯等生活用具，底钵、匣钵等窑具，以及宋代钱币12枚，如北宋仁宗年间的"天圣元宝"和北宋神宗赵祯熙宁年间所铸造的"熙宁元宝"。④

1976年，江苏省镇江市的五条街骆驼岭发现宋代手工业作坊遗址，其中出土了一组反映儿童摔跤场景的男童红陶磨喝乐5个。遗址局部有较多瓦砾和火烧后的房木料，磨喝乐出自瓦砾中，同出土较多小陶瓶和陶杯、陶球、影青瓷雀碗、北宋铜钱十余枚，以及各种陶捏像遗物等。根据铜钱年号断定，这批陶捏

---

① 中国考古学会：《中国考古学年鉴（2016）》，北京：文物出版社2017年版。
② 魏女：《陕西出土的宋代儿童体育文物》，《大众考古》2016年第1期。
③ 咸阳市文管会、旬邑县文化馆：《旬邑安仁瓷窑遗址的发掘简报》，《考古与文物》1980年第3期。
④ 李绥成、景凡：《从新出土瓷器谈旬邑安仁窑的几个问题》，《文博》1993年第1期。

像的时代上限不过北宋政和三年（1113），但也不会晚于南宋。①

20世纪90年代，陕西省西安市在对古城的西大街进行基建改造时，发现了古代的城市遗迹、水井、窖穴，在宋代地层中发现3件红陶男童磨喝乐，分别为抱鼓、站立、行走三种形态。同时在窖穴中发现有大量古陶瓷的标本、陶塑与陶偶，与金元钧窑和金代耀州窑等共同出土，磨喝乐与宗教类的菩萨、佛、道教神怪等同出。②另外，2002年8月，在陕西省西安市的一口古井中又发现20件泥塑傀儡玩偶，高5~10厘米不等，有18枚人物头像、1枚制作头像的陶范、1枚莲花浮雕，均为单独的头部，陶塑头部下面都有穿孔，为中国发现的北宋时期唯一成套的磨喝乐变体玩具。③

1990年5月，甘肃省平凉市庄浪县的水洛镇寺平塬遗址发现一批北宋的陶模、陶范及小陶俑等，共计150余件，有亭台楼阁、人物及动物等模型及制范工具等，最大的约10厘米，小的仅2厘米，另有北宋徽宗年间"崇宁通宝"钱模的发现。这批文物中属于磨喝乐的有2件，"庄浪寺平塬是宋代文物出土集中之处，近年来，有陶模范的不断零星发现，结合所出土的大量陶模和残块，说明这里在寺坪塬在宋代是一处制陶的生产作坊"④。

山东省淄川地区是古代"淄博窑"所在地，产瓷历史悠久，发展至北宋，烧制瓷器点增多，以滋村窑为主窑，新兴起的西河镇坡地古窑址生产的白地黑花瓷久负盛名，此处发现2件白地黑花瓷磨喝乐，分别为卧童、立童形态，以白地黑花纹饰为主，画面线条流传，色彩对比强烈，富有艺术感，同有其他各种瓷器发现。⑤

（2）南宋

1975年，江苏省苏州市大石头巷基建工程中发现一处宋代平权坊手工业作坊遗址，出土3件磨喝乐，均为男童，高5厘米左右。遗址共计出土器物502件，有宋代石砚、石杵、石权、石钵、铁铡刀、铁凿、铁铲、坩埚等生产工具、生活用具、建筑材料、象棋子、漆器、针刻加工的蚌饰片等手工艺品、宋代从太

---

① 刘兴：《镇江市区出土的宋代苏州陶捏像》，《文物》1981年第3期。
② 杜文：《行走在宋人的童趣世界西安出土的宋金陶塑玩具》，《收藏》2010年第7期。
③ 中华人民共和国年鉴社：《中华人民共和国年鉴社·2005年》，第830页。
④ 刘继涛：《甘肃文物精华：北宋五神伏龙陶模》，《甘肃日报》2004年8月20日第6版。
⑤ 魏传来：《历经辉煌淄川窑》，《陶瓷科学与艺术》2010年第5期。

平至淳熙的各种年号钱币、宋代莲瓣纹瓦当及复盆底座、陶建筑模型等，其中磨喝乐与19件单片模具和其余6件磕出的泥玩具出自同一批①。

1980年，江苏省常州市和平路某建筑工地一处手工作坊遗迹出土3件磨喝乐，其中女童1件、男童2件，均为素色泥质。遗址共出土280件泥塑，分别为玩具、神仙、动物、世俗人物、器皿五大类型，出土数量大，制作工艺近相似，经分析认为是规模化生产的产品，采用前后半模合范而成。结合出土器物特征，发掘者推测该房址的性质是一座宋元时的手工作坊遗迹，存续时间约在南宋淳熙年间至元初。②

1981年，四川省广汉和兴联合七社南宋窖藏出土了2件玉质挂坠，高5厘米左右，一件为持荷双童玉坠，另一件为执荷玉童玉坠，均呈方形，局部采用镂空及线刻手法透雕出正反两面的孩童玩耍于莲花之间，头顶荷叶，脚踏莲花座，造型形象生动。另外，同出的还有玉带钩、螭纹玉带饰、心形玉饰等玉器11件。③

1996年，在江苏镇江市宋代市河（今剪子巷）东侧发现宋代"泥孩儿"作坊遗址，出土南宋红陶磨喝乐男童3件，臀部有"吴郡包成祖""平江包成祖""平江孙荣"等戳记。吴郡、平江是苏州在宋代的别称，包成祖、孙荣当为制作器物的工匠。作坊为南北两间，除磨喝乐外，坊内还出土其他房屋模型、泥塑制作工具及鱼纹形式的模印、影青粉盒、毛刷等遗物，出土的宋代泥塑艺术品多着彩，施釉，形象生动。作坊遗址的年代以南宋为主，元代废弃。④

江西景德镇磁州窑发现南宋中后期男童青白瓷磨喝乐5件，分别为合抱的两组4个和单体的1件福莲童子，景德镇自北宋中期开始所烧造青白瓷品种中就有磨喝乐这类器物，此处发现的磨喝乐是南宋中后期景德镇所烧制，灵动且秀丽，生动且形象。⑤

3.金代、西夏磨喝乐的考古发现

"淄博窑"又名"博川窑"，位于山东省淄博市，以民窑产品为主，金代

---

① 廖志豪：《从坊市遗址出土文物看宋代苏州城市经济发展》，《学术月刊》1980年12期。
② 彭辉：《江苏常州出土泥塑像的初步认识》，《考古与文物》2014年第4期。
③ 上海博物馆编：《学人文集——上海博物馆六十周年论文精选工艺卷》，上海：上海书画出版社2012年版。
④ 徐光冀：《中国考古学年鉴》，北京：文物出版社1997版，第14页。
⑤ 汤辉：《景德镇宋代青白瓷"摩睺罗"艺术赏析》，《收藏界》2012年第5期。

以生产白瓷和黑釉、酱色釉器及白釉黑花等为主,该窑址出土金代黄绿彩击鼓童磨喝乐5件,造型朴实逼真、形态各异,通体施以黄绿彩,色泽明快,比例匀称,有儿童的天真烂漫气息,伴出有其他瓷器、陶塑、模具等。①

20世纪50年代,河南省禹州市禹县发现扒村窑,是中国北方宋元时期重要的民间瓷窑,共出土金代男童磨喝乐2件、模具1件,分别为白地黑花瓷俑、素胎瓷俑。扒村窑于北宋末崛起,兴盛于金代,金代的烧制水平成熟,市场广泛,其白地黑花瓷,已经逐步摆脱宋代讲究的对称式纹饰,更加趋于简单化,画面的留白空间较大,用笔极为简略,表现手法灵活多样。目前尚无瓷窑的考古发掘报告,只是部分机构进行过局部的标本采集,总体经扒村村民、古陶瓷爱好者采集、附近城市遗址出土物的统计分析得知,有金元时期红绿彩工艺的碗、盘、小型玩具玩偶类瓷俑器物生产。②

1898年,河北省邯郸市峰峰矿区发现金代崔仙奴墓,出土白釉红绿彩磨喝乐瓷俑5件,分别为仰卧、站立、骑鼓、坐鼓、站立的姿态,高在8~16厘米之间,均为模制,后施白釉,加了红绿彩描摹,现藏于中国磁州窑博物馆。③该墓为竖穴土洞墓,墓向正南北,墓室南北长1.8米、东西宽0.8米。清理时墓道已被挖毁,墓道中出土一方墓志,墓室内未发现棺木痕迹,残存一具女性骨架,骨架右侧出土磨喝乐瓷俑,出土文物共6件,即白釉红绿彩瓷俑5件和砖墓志1方。墓志为长方形青砖质,阴刻铭文,楷书三行,为"泰和二年八月十三日亡过崔仙奴"14字,确定为金后期章宗朝泰和二年(1202),崔仙奴为平民女性。④

1992—1996年,宁夏海原县发现近千块陶模,其中属磨喝乐的有15件,分陶制和鎏金两种,有黑彩及红彩,除五婴嬉戏外,有抱瓜、抱狗、执莲等形态,高3~11厘米之间。出土陶模遗址均处在古丝绸之路的通道上的荡羌寨、临羌寨、天都寨、绥戎堡等西夏时期古城遗址和作坊遗址中,同出有剔刻花瓶、罐、洗等及黑、白瓷的罐、瓷豆、钵等器物和西夏兵器、钱币等,以及作坊中的各种石碾、石磨、毛刷、石臼、瓷臼等窑具和烧在一起的残碗等遗物。⑤

①魏传来:《山东淄博古窑址出土陶瓷欣赏》,《陶瓷科学与艺术》2014年第7期。
②付瀛莹:《扒村窑白地黑花瓷研究》,《中国美术馆》2013年第8期。
③秦大树、马忠理:《河北省磁县观台磁州窑遗址发掘简报》,《文物》1990年第4期。
④秦大树、李喜仁、马忠理:《邯郸市峰峰矿区出土的两批红绿彩瓷器》,《文物》1997第10期。
⑤李进兴:《西夏陶模》,银川:宁夏人民出版社1998版,第6—15页。

4.元代磨喝乐的考古发现

2004年,山西省考古所在山西省翼城县南唐乡原村西北处发现12座元代墓葬,其中砖石墓M1中出土6件瓷质红绿彩磨喝乐。墓内共葬有三人,人骨均置于北部床面之上,头均向东,人骨散乱,中部为男性,两侧为女性,未发现葬具。随葬器物主要放置于墓室东部,墓中共出土器物22件,除红绿彩瓷俑外,有陶罐、瓷碗、瓷盘、瓷瓮、铁兽、铁杆、铜灯盏、铜镜及买地券等。由买地券文确定,墓的年代为元至正六年(1346)。①

2006年,内蒙古包头市发现燕家梁遗址的窖藏,出土有元代瓷制的红绿彩磨喝乐1件,现藏于包头市文物管理处。燕家梁出土的红绿彩瓷胎质黄白,略显粗松,多施化妆土。窖藏中还出土有其他白瓷、青瓷、绞胎器、琉璃釉器、青花瓷、青釉瓷等。②

5.明代磨喝乐的考古发现

考古发现的明、清磨喝乐数量较少,这一时期的磨喝乐多在民间有流传,明代尚有个别资料涉及,但清代目前未见确切资料记载有磨喝乐的发现。

河南禹州生产钧窑,是中国五大名瓷之一,窑厂出土1件明代的白地黑花卧童枕。③

2001年,湖北省钟祥市梁庄王墓出土1件明代早期的白玉执荷磨喝乐。墓中共出土随葬品5000余件,有金、银、玉、瓷、陶、骨角器等,按用途分有首饰、冠饰、配饰、腰带、兵器等,此件磨喝乐当为配饰,现藏于湖北省文物考古研究所。④

(二)收藏品

以下依据磨喝乐的可靠文本、图像信息和若干实物素材,对海内外馆藏及个人收藏的磨喝乐归纳统计。

1.博物馆藏

(1)河南开封文化厅18件。有河南省内宋代的单个15件,呈游戏场景的组

---

① 荆泽健、陈海波、杨及耘:《山西翼城原村元墓发掘简报》,《文物》2020第7期。
② 塔拉、张海斌、张红星:《包头燕家梁遗址发掘报告》,北京:科学出版社2010年版,第51页。
③ 李辉:《河南禹州神垕镇发现一批瓷窑遗址》,《大众考古》2014年第10期。
④ 梁柱:《湖北钟祥明代梁庄王墓发掘简报》,《文物》2003年第5期。

合有2件，也有其他个别地区的，如山东青州的1件陶模和2件陶范，高均在5~14厘米之间，现藏于河南开封文化厅。[①]

（2）上海博物馆9件，分别为金制的宋代的婴戏荷叶形金枕1件、金代的红绿彩瓷骑马男童子1件、玉质的宋代童子7件，其中有持莲玉童4件、持荷1件、持荷驾鱼玉童1件、执鼓玉童1件。[②]

（3）国家博物馆7件，为宋代定窑生产的玉雕执莲磨喝乐，其中6件为两个童子执莲的组件，1件为单体执莲童子。[③]

（4）故宫博物院4件，宋代的有3件，2件为执莲童子，1件为白釉孩儿枕；另有金代的白玉执莲童子1件。[④]

（5）台北故宫博物院1件，北宋定窑白釉孩儿枕。[⑤]

（6）美国旧金山亚洲艺术馆1件，男童，北宋定窑白釉瓷执莲孩儿枕。[⑥]

（7）瑞士玫茵堂1件，北宋定窑男童白釉瓷执莲孩儿枕。[⑦]

（8）山东博物馆1件，陶质，产于金代的淄博窑，为倒立男童子的形象，高5厘米左右，是山东博物馆向社会征集所得。[⑧]

（9）淳化县博物馆1件，为北宋晚期耀州窑青瓷抱球童子俑，高9.4厘米，光头，双手持球放在交叠盘曲的双腿之上，施青釉，为耀州窑北宋晚期的产品，现收藏于淳化县博物馆。[⑨]

（10）天津博物馆1件，金代红绿彩持莲童子造像。童子双手持莲站于莲台之上。[⑩]

（11）河北邯郸磁州窑艺术馆共1件，金代红绿彩童子枕，童子双手抱胸。[⑪]

---

① 李进兴：《西夏陶模》，银川：宁夏人民出版社1998年版。
② 沈丽娟：《宋代以来玉雕莲花童子佩的演变》，《东方收藏》2015年第3期。
③ 沈丽娟：《宋代以来玉雕莲花童子佩的演变》，《东方收藏》2015年第3期。
④ 赵伟：《神圣与世俗——宋代执莲童子图像研究》，《艺术设计研究》2015年第4期。
⑤ 赵佳琪：《风靡宋代的民间玩具——磨喝乐泥塑文化探源》，《民艺》2019年第2期。
⑥ 张文理：《旧金山亚洲艺术博物馆收藏的宋代童子荷叶枕》，《艺海》2018年7期。
⑦ 杜文：《碧玉妆成——宋金耀州窑青釉刻印花枕与孩儿枕》，《收藏家》2018年第7期。
⑧ 胡秋莉、王滨：《淄博窑宋金陶塑玩具印模及陶塑》，《收藏》2018年第8期。
⑨ 魏女：《陕西出土的宋代儿童体育文物》，《大众考古》2016年第1期。
⑩ 杨继方：《金元时期红绿彩瓷的信息调查报告——以冀、豫、晋、鲁、赣等地出土物及传世品取样》，引自微信公众号"猛虎文化"。
⑪ 蔡子谔：《磁州窑造型艺术与民俗文化》，石家庄：河北大学出版社2008年版。

（12）深圳望野博物馆（广东）2件，金代，均为男童，一件为红绿彩舞蹈童子像，另一件为红绿彩执荷磨喝乐。①

（13）西汉南越王博物馆1件，金代定窑白釉剔牡丹纹执莲孩儿枕。②

（14）山东德州博物馆共2件，金代的红绿彩瓷人物，一件为骑鼓男童，一件为抱物的女童。③

（15）瑞士宝尔博物馆1件，金代红绿彩执杖男童子磨喝乐。④

（16）广东省博物馆2件，明代，一件为持荷玉童子，另一件为持荷的两个童子玉佩。⑤

2.私人收藏

各地私人收藏家收藏的磨喝乐及相关物的数量极多，且种类、材质等非常广泛，但相关资料公布不多，仅见个别文章的介绍，以下选取各时代典型，可参与类型学分析，同时来源可靠的私人收藏磨喝乐，分述如下。

（1）山西晋中王新凯收藏有宋代持荷玉雕童子饰件1件，高约4.5厘米，童子手持荷、骑一鱼、光头，面部表情刻画简单，童子头部有一空，可系绳。⑥

（2）北京某收藏家收藏有南宋时期的泥偶15件，属于磨喝乐的共有6件，高约10厘米，不施釉，身着服饰不同，有金粉痕迹，背后有手压指纹，形态各异，有盘腿而坐、礼佛、执莲等类，脸部表情生动，栩栩如生，其余9件为以神像、人物为主。⑦

（3）河北巨鹿私人收藏家收藏有不少磨喝乐，典型的有2件，宋代的卧童、清代的手拿荷花的磨喝乐。⑧

（4）民间流传的典型磨喝乐有明代白玉童子、持荷童子、持荷玩鸟童子、

---

①深圳博物馆：《精彩：金元红绿彩瓷器中的神祇与世相》，北京：文物出版社2009年版，第83页。
②冯永谦：《中国陶瓷全·集9·辽西金夏》，上海：上海人民美术出版社2000年版。
③朱国庆：《山东德州窑及红绿彩产品的新发现》，《收藏》2007年第11期。
④刘明杉：《七夕日两星相会磨喝乐供奉人间浅析古代陶瓷中的磨喝乐》，《艺术与投资》2007年第4期。
⑤古方：《中国传世玉器全集·明清》，北京：科学出版社2010年版。
⑥王新凯：《宋代持荷童子玉饰的民间寓意》，《收藏》2016年第9期。
⑦杜卫民：《宋代泥玩具》，《收藏家》1996年5期。
⑧董达山：《玩具人物——天津市民收藏"泥模范"玩具3万多个》，《玩具世界》2005年1期。

持枝童子4件，清代玉质磨喝乐有童子戏鼓、击鼓童子等3件。①

（5）顾公硕在1957年的一个货摊上收集到2件磨喝乐，一个制荷叶，另一个身穿锈花衣，年代久远，实物不详，故不纳入类型学分析。②

三、类型学分析与分期

从已发表的出土材料来看，形制明确的各种形态磨喝乐及其相关物共计71件。其中，手工业作坊遗出土31件，窑址出土或采集20件，墓葬中14件，城市生活类遗址出土3件，窖藏出土3件。另外，各地博物馆藏52件，私人收藏19件，其余出土遗迹或来源不明的磨喝乐未做统计。总体来看，这批磨喝乐数量多，材质、色彩多样，形象多种，具备类型学分析的条件。

但关于磨喝乐的形制划分，目前尚无先例且无统一标准。因此本文在所搜集的可靠资料基础上，依据磨喝乐各构成形态及其组合形式的异同，尝试对磨喝乐进行分类归纳，初步建立磨喝乐的类型及演变序列。

（一）类型学分析

依据现有资料，将收集到的所有不同手工业作坊遗址、窑址、墓葬、城市生活类遗址、窖藏、馆藏、私人收藏的磨喝乐整合后，从具有典型代表的磨喝乐着手，按童子是否持物分类研究。

1.持物类

大部分磨喝乐都为以男童或女童为载体，手拿不同物品，由童子手拿物品的不同具体分为两型：持莲、持荷型和持其他各种物如鼓、杖、钱币、捶丸、抱鼓、抱瓜、抱球等型。

A型：童子持莲、持荷叶。是典型的磨喝乐形象，多为陶质、玉质、红绿彩瓷质，根据持莲童子的数量不同将磨喝乐可分为两个亚型。

Aa型：一童子手持莲或者手执荷叶。

Ⅰ式：童子一手举莲，莲花高于头顶。标本1：晚唐时期的湖南长沙铜官窑遗址中出土一件绘有童子执莲图的白瓷壶，壶上绘一男童，其右手后执一莲，高过头顶。③标本2：山西晋中的一私人收藏宋代磨喝乐，玉质，童子右手执一

---

① 胡焕英：《宋、明、清玉雕童子艺术风格》，《收藏》2012年第17期。
② 顾公硕：《摩㬋罗》，《文物参考资料》1958年第7期。
③ 中国考古学会：《中国考古学年鉴（2016）》，北京：文物出版社2017年版。

莲花，高于头顶。[①]标本3：河南开封出土的宋代头顶莲花童子，上身半裸，下身穿菱形花裤子。标本4：国家博物馆藏宋代定窑玉雕执莲磨喝乐3件。

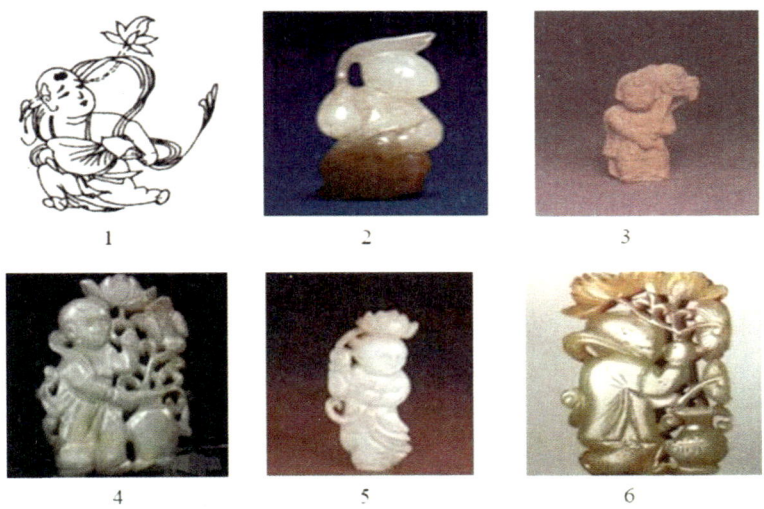

图一　Aa型Ⅰ式持物类磨喝乐
（1.湖南长沙铜官窑遗址；2.私人收藏；3.河南开封出土；4.国家博物馆藏；
5.国家博物馆藏；6.国家博物馆藏）

Ⅱ式：一童子侧拿荷叶，荷叶未过头顶。标本1：上海博物馆藏2件宋代持荷玉童，右手执荷花茎部，左手执荷叶头部，荷叶基本与头部持平或略低于头部。标本2：天津博物馆藏1件金代红绿彩持莲童子造像。标本3：深圳望野博物馆藏1件金代红绿彩执莲磨喝乐。标本4：湖北省钟祥市梁庄王墓出土1件明代早期的白玉执荷磨喝乐，高5.3厘米，宽3厘米，厚2.7厘米，圆雕童子执荷状。标本5：北京故宫博物院馆藏宋代玉镂雕执莲磨喝乐1件。

① 王新凯：《宋代持荷童子玉饰的民间寓意》，《收藏》2016年第9期。

 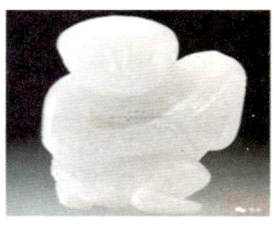 

图二 Aa型Ⅱ式持物类磨喝乐
（1.上海博物馆藏；2.上海博物馆藏；3.天津博物馆藏；4.深圳望野博物馆藏；
5.湖北省钟祥市梁庄王墓出土；6.北京故宫博物院藏）

Ab型：双童手持莲。均举过头顶。标本1：国家博物馆藏的2件宋定窑玉雕磨喝乐，左边童子双手执拿莲花，右边童子双手协助扶持莲花。标本2：四川广汉和兴联合七社南宋窖藏出土1件持莲双童玉坠，高5厘米左右，两童子共持一朵莲花，高于童子头顶。

图三 Ab型持物类磨喝乐
（1.国家博物馆藏；2.国家博物馆藏；3.四川广汉和兴南宋窖藏出土）

B型：持其他物。各种手拿不同器物的磨喝乐形象，材质广泛不一，有陶质、红绿彩瓷质，根据童子所持物的不同分型如下。

Ba型：持鼓。男童持鼓彩陶人，出土于宁夏回族自治区海原县西夏古城临羌寨，高10.5厘米，红陶彩绘，空心，裸体，男童左手弯曲抬起紧握拳头，右手弯曲握鼓。

Bb型：持钱币。执钱童子，出土于宋代河南洛阳，质红陶，长8厘米，宽3厘米，厚1.8厘米，童子面若满月，笑态可掬，颈部配挂项圈，袒露肚脐，腰系花格腰围，腰带系成蝴蝶结，下穿绣花裤，双罚自然下垂，左手拿一枚大型四决花钱。

Bc型：持捶丸。手执锤丸的童子，宋代红陶，长5厘，宽2.7厘米，厚1厘米，身穿交领花边长衣，下穿花纹长裤，左手握捶丸。

Bd型：持扇子。金代磁州窑的红绿彩持扇童子，左手放于左腿上，右手执一小扇，面部朝前。

Be型：抱球童子。标本1：北宋安仁古瓷窑遗址出土，高12厘米左右，小孩光头宽额，颈部带有项圈，上身着一件右衽宽袖单衣，小手之间抱一小球，生动可爱。标本2：北宋晚期耀州窑青瓷抱球童子，高9.4厘米，光头，头微微右偏，鼻梁挺直，面带微笑，双手抱球置于双腿之上。

Bf型：抱衣服。西夏古城出土男童抱衣服陶人，高6.2厘米，红陶质，空心，光头。裸身，双手抱折叠好的衣服放于盘曲的腿上。

Bg型：抱书。西夏古城出土抱书男童，高5.7厘米，红陶质，短发，圆脑，双手抱书站立于台上。

Bh型：抱狗，西夏古城出土女童抱狗陶人，高6.8厘米，红陶质，空心，头发有黑彩痕迹，双目斜视，左手放在膝盖上，右手抱一小狗，双腿跪坐。

Bi型：抱瓜。均为宁夏海原县西夏古城出土，标本1：男童持瓜陶人，高7.0厘米，肩宽3.0厘米，红陶质，空心，光头，目光直视正前方，两手相抱置于南瓜之上，两脚相并而坐。标本2：男童抱瓜陶人，高6.2厘米，肩宽2.8厘米，红陶质，空心，光头，偏头斜望，上身赤裸，两臂向下弯曲，两手掌心向下放在瓜上，双脚并拢。标本3：黑彩抱瓜女童，高5.9厘米，红陶质，空心，双目斜视，头偏左，双手抱一大瓜，双腿跪坐。

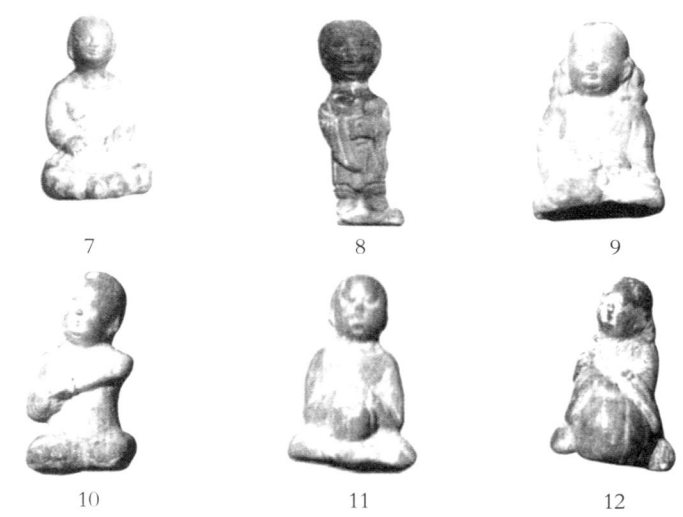

图四 B型持物类磨喝乐
（1.西夏古城临羌寨出土；2.西夏古城临羌寨出土；3.西夏古城临羌寨出土；
4.金代磁州窑出土；5.安仁古瓷窑遗址出土；6.北宋晚期耀州窑出土；
7.西夏古城临羌寨出土；8.西夏古城荡羌寨出土；9.西夏古城临羌寨出土；
10.西夏古城临羌寨出土；11.西夏古城临羌寨出土；12.西夏古城临羌寨出土）

2.姿势场景类

磨喝乐有不持物的，从发现的场景、组合情况及姿态来看，有若干器物成一组的器物，也有成对的器物组合，此外也有单体呈不同姿态呈现出的各种磨喝乐。

A型：站立姿态为主。以站立姿态下兼顾其他各种形态的童子形象，有一童站立、双童站立、两童以上站姿情况下的各种姿态和各种材质的磨喝乐。

Aa型：标本：北宋拍手童子，陕西旬邑县出土，高约12厘米，胎质皆为红陶，经过素烧，衣着稍显平整贴身，腰带较窄，已经遮掩于衣服之下，嘴张开，双手伸于胸前，手心相对，正在拍手。

Ab型：击鼓。标本1：北宋彩绘击鼓童子，陕西旬邑县出土的，高约12厘米，儿童左手托一圆形鼓于左侧胸前，小嘴微闭，右手执鼓槌做击鼓状，现收藏于陕西历史博物馆。标本2：民间流传的私人收藏的宋代玉质击鼓童子磨喝乐。

Ac型：行走。北宋行走童子，西安古城西大街基建出土，为红陶胎，高15.5厘米，双臂摆动，双脚错开，整体呈行走姿态。

Ad型：行礼。标本1：宋代童子行礼，河南洛阳出土，质陶泥，长6.5厘米，宽3.5厘米，厚2厘米，童子眉目清秀，身体微微前倾，双膝微微弯曲站立，双手至胸前交叉行礼。标本2：宋代童子行礼，河南洛阳出土，红陶，长8厘米，宽4厘米，厚1.6厘米，上身着衣，下身及双脚赤裸，双手及双脚皆带饰物，双手合十行礼，表情虔诚。标本3：山西省翼城县南唐乡原村元代墓葬出土，6件瓷质红绿彩磨喝乐，高均在6厘米左右，均为双手合抱的形象，空心模制，浅赭灰胎，胎质较粗，现藏于翼城县博物馆。

Ae型：嬉绣球。标本1：河南开封出土宋代童子嬉绣球，质红陶，长9厘米，宽3.7厘米，厚2.5厘米，呈俯卧状，头向上仰视，双手紧抱绣球呈嬉耍状，双腿交叠，造型逼真，情态可爱。绣球寓意阴阳结合，多子多福。标本2：宋代童子嬉绣球，山东青州出土，红陶，长5厘米，宽5.5厘米，厚12厘米，构图呈圆形，采用浮雕手法，背景为浅刻的荷花，童子身体前倾，双手抱绣球，呈向前跃步状。

Af型：站于荷花台上。标本1：山东青州出土宋代红陶磨喝乐陶范，长3.5厘米，宽2厘米，厚0.6厘米，童子右手执双头蓬蓬，左手侧指，赤身裸体站于三层荷花的梯形宝台上，造型简练。标本2：天津博物馆藏金代红绿彩持莲童子造像，童子双手持莲站立在莲花台之上。标本3：河南新乡出土的宋代荷花女童陶范，长4.5厘米，宽3.5厘米，厚1厘米，女子头梳双鬟并垂至肩上，表情天真，左肩至右胸前披挂饰带，下穿花裙，右手举拳，坐于莲花台上。

Ag型：双童站姿为主。宋代双童子游戏，河南新乡出土，红陶，长4厘米，宽3厘米，两童子双手相扣，一手扶头面朝前，另一童子手捂眼睛面朝后，双脚迈开呈游戏状，静中有动。

Ah型：三童互相交谈。标本：江苏镇江南宋作坊遗址出土，三个童子为一组，形态造型各异，形象栩栩如生，中间童子头微右倾，聆听左右两边童子比画交流。

Ai型：三童捉迷藏。宋代三童捉迷藏，河南洛阳出土，红陶，长1.6厘米，宽1.2厘米，高0.5厘米，中间为一木门框，门框内站一童子做寻人状，门框外左右各藏一童子，窥视门里，情节生动丰富。

Aj型：五童摔跤场景。江苏省镇江市的五条街骆驼岭北宋遗址出土，高10~19厘米，为一组反映儿童摔跤场景的泥制磨喝乐，神态各异，惟妙惟肖。

图五 A型姿势场景类磨喝乐

（1.陕西旬邑县安仁古瓷窑遗址出土；2.陕西旬邑县安仁古瓷窑遗址出土；3.私人收藏；
4.陕西西安古城西大街基建出土；5.河南洛阳出土；6.河南洛阳出土；
7.山西省翼城县南唐乡原村元墓出土；8.河南开封出土；9.山东青州出土；10.山东青州出土；
11.天津博物馆藏；12.河南新乡出土；13.河南新乡出土；14.江苏镇江南宋作坊遗址出土；
15.河南洛阳出土；16.江苏镇江市五条街骆驼岭的北宋遗址出土）

B型：躺卧姿，标本共计6件。

Ba睡卧。标本1：宋代卧童，河南洛阳出土，红陶，长7.5厘米，宽3.5厘米，厚2.5厘米，光头侧卧，双手爬在一枕之上，头部朝左前方，表情微笑，左腿叠压于右腿之上，神态可爱喜人。标本2：山东淄博窑出土北宋白地黑花卧童，童子双手盘握，双腿贴地面，双脚跷起，头部略抬起朝左看。标本3：宋代爬娃，河南洛阳出土，红陶，长5.2厘米，宽2.5厘米，厚2厘米，童子头微微上抬，身穿开裆裤，屁股外露，左臂弯曲置于头部下面，右臂前伸，呈向前爬行的姿态，童趣横生，憨厚可爱。标本4：元代瓷制红绿彩磨喝乐1件，童子呈侧卧睡眠状，双腿微弯曲。

Bb：一童沐浴。北宋红陶沐浴童子俑，红胎素烧，胎质坚硬，表面打磨光滑，制作规整，外施白色陶衣，是一个虎头虎脑的裸体小男孩在花瓣形的浴盆中洗澡玩耍的情形。现藏于陕西历史博物馆。

Bc型：两童沐浴。西安东郊韩森寨初唐墓出土，为两个戏水的童子陶俑，其中一个童子在盆中戏水，另一童子站在其身后辅助沐浴，构造生动灵活。

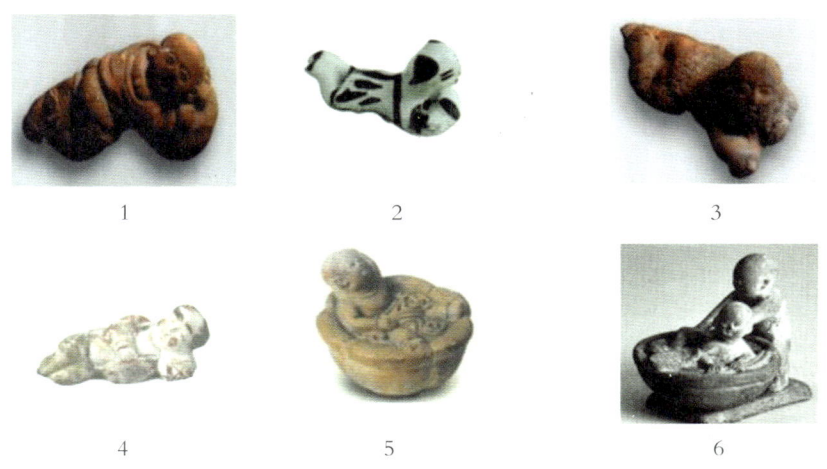

图六 B型姿势场景类磨喝乐

（1.河南洛阳出土；2.山东淄博窑出土；3.河南洛阳出土；4.内蒙古包头市燕家梁遗址出土；5.陕西历史博物馆藏；6.西安东郊韩森寨初唐墓出土）

C型：坐蹲姿。标本共计6件。

Ca型：半蹲。江西景德镇磁州窑发现的南宋磨喝乐，青白瓷，童子侧身，头部朝右，目光向前，双手举至胸前，双腿弯曲呈半蹲状。

Cb型：盘腿而坐。河北邯郸出土金后期红绿彩瓷，宽2.8厘米、高6.5厘米，空心模制，胎质较粗，仅施于前半部施乳白色釉，头戴红帽，双手置于胸前，呈站立状。

Cc型：骑鼓。河北邯郸出土金后期红绿彩瓷俑，宽4厘米。高6.2厘米，头戴白色高帽，着对襟衣，面向左，骑于马上，马头及马身存有勾绘的红彩。

Cd型：骑马。金代红绿彩童子，通身施釉，双腿骑马，头部微右倾，目光炯炯，整体构造形象生动灵活。

Ce型：双童坐于石头上。江西景德镇磁州窑发现的南宋男童青白瓷磨喝乐，两个童子双腿盘坐一石头上，右手均弯曲提至胸前，左手自然垂于左腿处，左童目光朝右，右童目光朝右。

Cf型：双童拥抱。江西景德镇磁州窑发现南宋时期的男童青白瓷磨喝乐，两童双手环抱，面部表情自然，感情表现细腻。

图七 C型姿势场景类磨喝乐
（1.江西景德镇磁州窑出土；2.河北省邯郸市峰峰矿区金泰和二年崔仙奴墓出土；
3.河北省邯郸市峰峰矿区金泰和二年崔仙奴墓出土；4.上海博物馆藏；
5.江西景德镇南宋磁州窑出土；6.江西景德镇南宋磁州窑出土）

（二）分期

根据以上对磨喝乐的类型划分及年代的判定，结合墓葬、手工业作坊、窑址、城市生活类遗址、窖藏等中同磨喝乐伴出的各种器物，可将磨喝乐的发展和演变分为三期。

表一 磨喝乐发展与演变分期表

期别 \ 类型	持物类			姿势场景类		
	童子持莲/荷型		持其他物型	站立	躺卧	坐蹲
	一童执莲/荷	双童执莲				
第一期 唐代（618—907）	AaⅠ				Bc	
第二期 宋（960—1279）	AaⅠ AaⅡ	Ab	Bb Bc Be	Aa、Ab Ac、Ad Ae、Af Ag、Ah Ai、Aj	Ba Bb	Ca Ce Cf
第二期 西夏（1032—1227）			Ba、Bf Bg、Bh Bi			
第二期 金代（1115—1234）	AaⅡ		Bd	Af		Cb Cc Cd
第三期 元代—明代（1206—1644）	AaⅡ			Ad	Ba	

第一期，唐代（618—907）。唐代是目前可以确定的发现磨喝乐形象最早的时期，该时期磨喝乐可见持物类型和姿势场景两大类，二者出土数量均相对较少，持物类型见一童执莲Aa型Ⅰ式，姿势场景以躺卧为主，见Bc型。这一时期是磨喝乐童子形象初见成型期。从可辨识形象的磨喝乐相关物来看，该期磨喝乐偶有发现，实物质地为陶质，磨喝乐形象作为装饰性图案以图像形式出现在个别器物上。整体看来，该期在初唐时化生童子形象相对呆板，不够灵活，初唐之后有磨喝乐实物的发现，典型的童子执荷在晚唐时期已出现。

第二期，宋代（960—1279）、西夏（1032—1227）、金（1115—1234），分三个时期介绍。宋代出土磨喝乐数量骤然增多，形制多样，装饰更为丰富，材质使用广泛，可分为持物类和姿势场景两大类，两类数量占比相当，持物类以童子持莲及执荷最为典型，一童持莲有Aa型Ⅰ式、一童执荷有Aa型Ⅱ式，其中Aa型Ⅱ式在第二期出现并流行至第三段，双童持莲有Ab型。持其他物有Bb型、Bc型、Be型。姿势场景类分站姿、躺卧姿态和坐蹲姿，以站立姿态为主，可见Aa型、Ab型、Ac型、Ad型、Ae型、Af型、Ag型、Ah型、Ai型、Aj型；躺卧场景可见Ba型、Bb型，其中Ba型在第二期出现流行至第三期；坐蹲姿有Ca型、Ce型、Cf型。整个宋代，磨喝乐由此前的单调变得生动活泼，更加注重细节和神情的刻画，以表现儿童天真烂漫的个性。另外从磨喝乐的变体物及相关物可知，该时期在磨喝乐形象的基础上，生产出了不少与实际生活相关的实用物，如枕头和玉佩等。

西夏时期，只见童子持物类器物，多为持其他物型，有Ba型、Bf型、Bg型、Bh型、Bi型。该时期磨喝乐皆出土于宁夏海原县西夏古城遗址之中，受中原地区影响，基本形态与宋代相差不大，但种类比宋代少，且材质单一，细节表现也不如宋代明显。

金代，多见红绿彩，磨喝乐有持物类和姿势场景两大类，持物类分童子持莲型和持其他物，一童持荷有Aa型Ⅱ式，持其他物型有Bd型。姿势场景类有Cb型、Cc型、Cd型。该时期的磨喝乐在形象上不与宋代形态相似，且比宋代更为圆润柔和，头部与身材比例均对等突出，但制作不如宋代细腻，红陶质多，残缺的较多。

第三期，元代至明代（1206—1644）。这一阶段出土磨喝乐数量不多，童子持莲类即Aa型Ⅱ式沿袭宋代，但持其他物磨喝乐基本不见。其余为姿势场景类器物，有站立的Ad型和躺卧姿态的Ba型，二者基本沿袭宋代，再无创新。

四、功能和使用方式

长期以来，学者对磨喝乐性质功用的观点各抒己见，基本依托古代个别时期的文献或者个别磨喝乐实物进行任一单向判断，论据整体单薄，说服力不够。从相关古代文献和实物及造像情况看，受送子观音信仰影响，磨喝乐相关形象早在隋唐造像中就已出现，磨喝乐即观音所送的童子，且由其发展和演变情况来看，除广泛作为民俗时节供物和玩具使用的用途外，后面逐步衍生出不少其他用途的实物，且稳定延续使用至元明。具体从磨喝乐的演变规律来看，磨喝乐童子数量有一童、双童及三童及以上，形象是最初的由执莲逐步演化出执荷叶，即从发现的最早的唐代时期的执莲童子Aa型Ⅰ式开始，在宋代接着产生了各种材质、样式的磨喝乐，种类丰富且造型姿态多变，至元明基本是在沿袭的基础上略加创新。因此，当时和后世的磨喝乐及其相关物用途远不止一种。

　　作七夕民俗节的供奉物和生活玩具使用，以经济实惠为宜，在各时代普遍流传的有陶泥、瓷质的磨喝乐，从众多古文献记载中对磨喝乐在七夕乞巧中的使用和玩具的用途有详细介绍，另外，磨喝乐演化出的傀儡玩偶也是磨喝乐玩具性质的一个重要体现，这在前文梳理磨喝乐实物资料中也有充分论述，故此处不做多余说明。但值得一提的是尽管在不同的窑址、窖藏、城市生活类遗址中，磨喝乐是与其他生产生活用具、工具、窑具等共同出现，而在不同的手工业作坊遗址中则是与各种陶质物、泥塑捏像等共同出现。但考古发现磨喝乐更多集中于城市居民区和娱乐区，虽出土地和遗址性质有所不同，但其不同地域下生产的磨喝乐在这一点上则有其诸多共同的使用属性。从古文献记载、考古实物材料及磨喝乐的演变情况看，最早的磨喝乐实物在唐代的西安东郊韩森寨初唐墓中发现，其次类似的形象在晚唐时期也逐步出现于多个器物的图案上。至宋代时，在陕西咸阳、甘肃庄浪、四川广汉、河南、江西景德镇、山东淄博、江苏苏州及常州、镇江等全国多个地区呈点状同时涌现出生产磨喝乐的地区。金代、西夏在继承的基础上创新出了红绿彩磨喝乐。至元明在内蒙古包头、湖北、山西等其余地区也有同样式的磨喝乐发现。

　　作为明器性质使用，以实物的形式与其他各种器物在墓葬中做随葬品使用，有包含陶质、泥质、玉质、瓷质等材质的磨喝乐。河北省邯郸市峰峰矿区的崔仙奴墓中与墓志铭同出5件白釉红绿彩磨喝乐。山西省翼城县南唐乡原村西北处发现12座元代墓葬，其中砖石墓M1中出土6件瓷质红绿彩磨喝乐，同出有陶罐、瓷碗、瓷盘、铜灯盏、铜镜等。湖北省钟祥市梁庄王墓出土的1件明早期白玉执荷磨喝乐，与金、银、玉、瓷、陶、骨角器等五千多件随葬品同出。总之，磨喝乐在各时代墓葬之中均有出现，说明除此前被当作民俗节令用物外，也是供逝者在冥间使用。

　　另外，在磨喝乐的基础上，又衍生出一些具有磨喝乐形象的实用器，常见有磨喝乐形枕头、玉佩挂件等。如宋代、金代、明代各时代各种材质的磨喝乐枕头和南宋时期四川广汉和兴联合七社窖藏出土的磨喝乐玉坠，明代早期在湖北省钟祥市梁庄王墓所出土的白玉执荷磨喝乐配饰，以及广东省博物馆馆藏的明代持荷玉童磨喝乐配饰。这些实用器更加轻巧便于携带，在人们日常生活广泛使用，是古人简单朴素的人文关怀理念及精神品位的体现，也是寄寓人们美好愿望、追求美好雅趣生活的象征物。

陕西西安，河南开封、洛阳、山东、甘肃庄浪，宁夏等多地发现的磨喝乐，不仅形象相同，其大小、形状、图案、纹饰及使用功能等也相差无几。从地域方位而言，尤其在交通工具欠发达的古代，这些地区更是相距甚远。同一种题材且尺寸大小、造型特征相同的磨喝乐是如何得以普遍使用和流传的呢？明显这种现象并非巧合。

由整体的发展脉络看，磨喝乐是"以点带线，以线带面"逐步兴起、发展、扩散的。起点当为唐代西安，但发展中心首为北宋开封，大量的磨喝乐原型均首先发现于河南，至南宋建都于建康，后又将杭州设为临安府后，磨喝乐也随之被宋人带到沿海地区，流传后世的磨喝乐在此时已基本出现，在市民文化和社会经济市场影响下，磨喝乐的使用者上至皇家贵族下至普通百姓，使用时间也从单纯的七夕供奉到儿童平时便可把玩的生活常见玩具。因此，两宋无疑是磨喝乐发展顶峰期。在两宋的辐射和影响之下，磨喝乐的使用范围逐步扩展至周边地区，甘肃、山东、宁夏等各地均涌现出磨喝乐的生产地及出售场所。

综上，河南开封作为北宋都城，是文化传播交流中心，磨喝乐在此迅速发展，逐步向全国各地传播，即先从开封传播到周边地区，到南宋时期才进一步传至沿海地区，逐步发展至全国各处。因此，磨喝乐的题材及模型部分为开封首创，后受各地地域文化及人们审美文化差异，周边地区部分磨喝乐也各有地域特色，但总体与两宋时期磨喝乐保持一致，故而形成了这种地域性的相似性与差异性。再者，无论是特征、制作工艺、题材选取，还是其演变、用途与功能等方面，各地均都发现了相同的磨喝乐，足以说明磨喝乐的存在不只是一个点，而是由数点组成的线，进而形成了一个面。

这些磨喝乐既有相同之处，又有不同之处，充分体现出了磨喝乐这一器物的传播范围之广，影响之大。

五、文化内涵及社会作用

磨喝乐是一定历史时期人类社会活动的产物，不仅是以各种用途和形式作为器物使用，更是具有时代精神印痕和文化记忆的见证物，其本身具有很高的历史价值、文化价值、艺术价值和科学价值，细腻的刻画、精致的造型纹饰也是时人审美文化和丰富社会思想文化的表达形式，文化内涵上兼容并蓄且深刻独到，包含着当时社会的诸多内容，磨喝乐的时代特点即历史性，能帮助我们更好地认识当时人们的社会生活。作为包含有佛教、唐宋金时期的汉代文化及西域文化等多重文化内涵的器物，磨喝乐是中国古代器物文化链条上重要的一环，所具有的社会作用不容小觑。

从艺术角度来看，其造型、表现形式、手法技巧可以作为研究美术史的实物资料。从科学价值来看，从侧面反映了当时社会科技水平和生产力状况，有利于认识以开封为中心的中央与边疆之间的交流情况。

从文化影响角度，汉文化影响最甚。就中原本土地区，隋唐封建经济繁荣，科技、文化发达，佛教、道教异彩纷呈，形成了"中华文化圈"，在社会文化融合背景的影响下，磨喝乐在此时崭露头角，典型童子执莲形象也出现。宋代城市商品经济的发展，市民文化更加繁荣，文化艺术的多样性和包容性，整个社会城市追求物质精神享乐意识，注重生活的方方面面，磨喝乐得以大量使用，在七夕时节民间和贵族普遍供奉，妇女借用乞巧，儿童将其作为玩具，周边的金、西夏不可避免地受到中原文化的影响，与本民族文化相互融合，也使用了具有自己民族特色和汉文化特征的磨喝乐，如红绿彩磨喝乐便是金人在借鉴中原磨喝乐基本形象的基础上创新性地使用新的材料所创造，西域文化通道上的西夏古城发现的磨喝乐也是宋代与西夏文化往来的重要见证。后世元人、明人也是直接承接前期磨喝乐，继续加以使用。

六、结语

磨喝乐是一种受多种因素综合影响产生的一种多材质器物，而非单一形成论，在人们日常生活中大量使用，做明器、节日供奉物和生活实用器使用，在隋唐初步出现，在宋代达到顶峰，辐射至金、西夏，流传到元、明。

从最能反映磨喝乐演变规律的童子所持物、姿态等角度对磨喝乐进行类型学分析，将其分为三期。典型的执荷磨喝乐形象在唐代出现后，一直流传至元明。宋代磨喝乐极具创新性。西夏、金磨喝乐基本保持宋代固有形象，但在材质、色彩上融入了自己的特色。元、明两代磨喝乐走向衰落，数量减少，形象上沿袭前代。

受客观因素影响，本文不可避免地存在一些问题：其一，宋代为何将此种器物称作"磨喝乐"，这在古代文献中没有记载，目前的研究对此也并未提及，磨喝乐的说法具体由何而来，这仍是一个待解决的问题；其二，大量考古发现或馆藏及私人收藏的磨喝乐公开资料有限，故资料梳理不可能毫无遗漏；其三，因部分实物资料残缺或图像模糊，对此有所舍弃；其四，由于磨喝乐资料和出土地点的时间广延性、空间的广泛性，前人研究虽依据资料单一，但综合起来对民俗文化寓意及社会作用等问题均有一定研究，为免赘述，故本文仅对未涉及的角度进行了相应分析。